Martin Kiehl

Mathematisches Modellieren
für die Sekundarstufe II

[**Eins**plus]

Herausgegeben von
Bettina Mähler und Michael Meyer

Bettina Mähler, Journalistin, Buchautorin, ist Erziehungs-
beraterin an der *Elternakademie am Burckhardthaus
Gelnhausen e. V.* sowie Institutsleiterin des *Zentrums für
Mathematik und Literatur Gelnhausen.*

Michael Meyer ist Geschäftsführer des Trägervereins *Zentrum
für Mathematik e. V.* in Bensheim und dort Leiter des Fach-
seminars Mathematik am *Studienseminar für Gymnasien.*

Martin Kiehl ist Professor für Numerische Mathematik und
wissenschaftliches Rechnen an der TU Darmstadt. In Zu-
sammenarbeit mit dem Zentrum für Mathematik in Bensheim
veranstaltet er jedes Jahr Modellierungswochen für Lehrer,
Lehramtsstudenten und mathematisch hochbegabte Schüler.

[Eins plus]

**Begabungen fördern
im Mathematikunterricht**

Martin Kiehl

Mathematisches
Modellieren
für die Sekundarstufe II

Die in diesem Werk angegebenen Internetadressen haben wir überprüft (Redaktions-
schluss: November 2005). Dennoch können wir nicht ausschließen, dass unter einer solchen Adresse inzwischen ein ganz anderer Inhalt angeboten wird.

 http://www.cornelsen.de

Bibliografische Information: Die Deutsche Bibliothek verzeichnet diese Publikation in
der Deutschen Nationalbibliografie; detaillierte bibliografische Daten sind im Internet
über http://dnb.ddb.de abrufbar.

Dieses Werk berücksichtigt die Regeln der reformierten Rechtschreibung
und Zeichensetzung.

5.	4.	3.	2.	1.	Die letzten Ziffern bezeichnen
10	09	08	07	06	Zahl und Jahr der Auflage.

Redaktion: Stefan Giertzsch, Berlin
Herstellung: Brigitte Bredow, Berlin
Reihengestaltung und Layout: FROMM MediaDesign GmbH, Selters/Ts.
Umschlagentwurf: Magdalene Krumbeck, Wuppertal
Druck und Bindearbeiten: Claussen & Bosse, Leck
Printed in Germany
ISBN-13: 978-3-589-22169-1
ISBN-10:   3-589-22169-0

 Gedruckt auf säurefreiem Papier,
umweltschonend hergestellt aus chlorfrei gebleichten Faserstoffen.

Inhaltsverzeichnis

Vorwort

Schon recht lange werden in Wirtschaft, Wissenschaft, Technik oder Gesellschaft zunehmend mathematische Modelle verwendet, um Prozesse zu verstehen und komplexe Probleme zu lösen, und zwar deutlich billiger als mit anderen Verfahren. Nicht zuletzt dank der Verfügbarkeit leistungsfähiger Computer wird sich dieser Trend verstärken.

Schulunterricht soll ein möglichst umfassendes und ausgewogenes Bild der Welt, in der wir leben, vermitteln. Dies gilt insbesondere für den Mathematikunterricht. Er sollte daher Realitätsbezüge aufgreifen und neben spezieller Wissens- und Methodenvermittlung auch eine allgemeine Bildungsfunktion erfüllen, sodass Mathematik nicht mehr als Selbstzweck, sondern wesentlich umfassender als Problemlösungswerkzeug verstanden wird. Da das mathematische Modellieren eine gute Möglichkeit ist, Lernenden u. a. Fähigkeiten im Anwenden von Mathematik und ein angemessenes Bild von Mathematik zu vermitteln, rückt es in der didaktischen Diskussion zunehmend als eine wichtige Problemlösungsmethode in den Vordergrund und hat in vielen Lehrplänen seinen Niederschlag gefunden. Gemeinsam mit der Universität Kaiserslautern und der TU Kaiserslautern hat das Zentrum für Mathematik mit seinem Projekt „Modellierungswochen" diese Entwicklung initiiert und maßgeblich mitbestimmt.

Unter Modellbildung wird jener Prozess verstanden, der zu einem gegebenen Problem Teilgebiete der Mathematik findet, mit deren Hilfe es sich in ein mathematisches Problem übersetzen lässt. Letzteres ist mit Hilfe geeigneter mathematischer Methoden und Algorithmen zunächst theoretisch und anschließend mit Hilfe eines Computers auch praktisch zu lösen. Die gewonnenen Resultate werden schließlich in den Kontext des ursprünglichen Problems zurückübersetzt und in der Gemeinsprache interpretiert.

Mit den Aufträgen, die in den Modellierungswochen seit vielen Jahren den Teams gestellt und bearbeitet wurden, liegt ein erprobter Erfahrungsschatz vor. Entscheidend ist, dass es sich dabei um „echte" Aufträge handelt. Sie wecken oder verstärken das Interesse an Mathematik und vermitteln den Schülerinnen und Schülern den Eindruck, dass Mathematik eine wichtige Wissenschaft ist. Ohne es explizit zu formulieren, wird dabei auch die von Schülern (und nicht nur von ihnen) immer wieder gestellte Frage nach dem „Warum?" und „Wozu?" der Beschäftigung mit Mathematik beantwortet werden.

Prof. Dr. Martin Kiehl, Hochschullehrer an der TU Darmstadt und Vorstandsmitglied des Zentrums für Mathematik e. V., hat eine Auswahl an Aufträgen getroffen, die er selbst in Modellierungswochen stellte und die sich in der Schule realisieren lassen. Die Vielfalt der angebotenen Lösungsmöglichkeiten soll den Lehrern die zeitraubende und schwierige Vorbereitung erleichtern, wenn sie im Unterricht, in Arbeitsgemeinschaften oder in einer Projektwoche ein Problem aus unserer Sammlung stellen wollen.

Die Herausgeber

BETTINA MÄHLER und MICHAEL MEYER

Wozu braucht man eigentlich Mathematik? Diese Frage, die man immer wieder zu hören bekommt, wenn überhaupt über Mathematik gesprochen wird, deckt auf, dass viele Menschen von einer der Kerndisziplinen aller Wissenschaften keine oder eine falsche Vorstellung haben, und nichts von ihrer zentralen Rolle wissen.

Natürlich bietet Mathematik für Liebhaber auch unabhängig von ihrer unmittelbaren Anwendbarkeit eine schöne geistige Beschäftigung und eignet sich zur Schulung eines klaren und abstrakten Denkens, aber das alleine wäre wohl kein Grund, Millionen von Schülern damit zu quälen. Die Bedeutung seines Faches zu vermitteln, stellt daher eine der grundlegenden Kompetenzen eines Lehrers dar.

Hier soll versucht werden, die herausragende Bedeutung der Mathematik für unser von Technologie durchdrungenes Leben mit realistischen Beispielen zu belegen und Mathematiklehrern eine Argumentationshilfe an die Hand zu geben.

Die Aufgaben sind so gewählt, dass man diese mit den erworbenen „Programmierkenntnissen" lösen kann. Wie, wird in Kapitel 1.2 gezeigt. Ohne diese Vorkenntnisse in Excel oder in einer anderen Programmierumgebung sind einige der Aufgaben nur in vereinfachter Form lösbar.

Informationen zu diesen und weiteren Aufgaben und weiteres Lösungsmaterial findet man auch in der Internet-Datenbank **MaMoSch** (**Ma**thematische **Mo**dellierung für **Sch**üler) des Fachbereichs Mathematik der TU Darmstadt (www.mathematik.tu-darmstadt.de/ags/ag8/Mitglieder/kiehl/EinsPlus). Dort finden sich insbesondere die Excel-Programme, die zur Simulation verwendet wurden, zum Herunterladen. Der Zugriff erfolgt über: **User:** Cornelsen, **Password:** 1Plus.

Darmstadt, im November 2005

MARTIN KIEHL

1. Excel als Werkzeug zum Modellieren

Excel ist ein Teil des Office-Programmpaketes von Microsoft, das vorwiegend zur Tabellenkalkulation verwendet wird. Man kann damit seine Steuererklärung machen, Punkte und Notenlisten von Schülern führen und auch kleinere Berechnungen durchführen. Zum Programmieren ist Excel eigentlich nicht gedacht und auch nur sehr eingeschränkt geeignet.[1] Da aber Excel gerade an Schulen sehr weit verbreitet ist und viele Schüler und Lehrer damit vertraut sind, soll hier gezeigt werden, wie Excel mit wenig Aufwand auch zur Simulation dynamischer Systeme eingesetzt werden kann. Dabei soll dieses Buch keine Einführung in Excel ersetzen. Hier sei auf die umfangreiche Literatur verwiesen. Eine für unsere Zwecke ausreichende Einführung findet man etwa in *JOCHEN LEßMANN: Mathematische Anwendungen in Biologie, Chemie, Physik – Tabellenkalkulation, Cornelsen Verlag, 2003*.

Da im Rahmen einer Modellierung sehr oft Parameter noch unbestimmt sind und angepasst werden müssen, ist eine Methode zur Parameteroptimierung oft wesentlicher Bestandteil der Modellierung. Hier bietet Excel eine besonders schöne und anschauliche Möglichkeit durch Bildlaufleisten. Parameter können hier bequem geändert werden und das Simulationsergebnis ändert sich dynamisch mit. Dadurch eignet sich Excel zur dynamischen Modellierung.

Auch Leser, die mit Excel vertraut sind, sollten wenigstens kurz überfliegen, ob sie alle hier verwendeten Techniken beherrschen. Wichtig sind die Stichworte: Rekursion, Umbenennung von Zellen, Bildlaufleiste, indirekte Adressierung, Diagramme mit festen Bildausschnitten.

In diesem Kapitel ist erklärender Text normal, Einträge in Zellen einer Excel-Tabelle in `teletype`, Zellenbezeichnungen **fett**, Feldnamen eines Pull-down-Menüs *schräg* gesetzt.

Die für die dynamische Simulation erforderlichen Techniken lassen sich sehr gut auch in anderem Kontext in der Schule verwenden. Dies kann auch sinnvoll sein, wenn keine Gelegenheit zur Modellierung besteht, und sollte als Vorübung zu anderer Zeit geschehen, um bei der eigentlichen Modellierung nicht in zeitliche Bedrängnis zu geraten.

---

1 Falls erforderlich kann man jedoch auf Visual Basic zurückgreifen.

1.1 Funktionen mit Parametern

1.1.1 Rekursionen mit Excel

Nach dem Öffnen von Excel hat man eine Tabelle mit vielen Feldern vor sich, deren Zeilen nummeriert und deren Spalten mit Buchstaben bezeichnet sind. In einzelne Felder kann man Formeln oder Texte eintragen. Der Eintrag einer Formel beginnt mit dem Gleichheitszeichen, ansonsten wird die Zahl als Text betrachtet.

Der Eintrag **G7**: `123,45` weist dem Feld **G7** den Text „123,45" zu der Eintrag **G7**: `=123,45` die Zahl „123,45".

Bei Formeleinträgen kann auch auf Zahlen in anderen Feldern Bezug genommen werden.

Der Eintrag **C7**: `=123,45+A3+$B$3+` weist Zelle **C7** die Summe aus 123,45 und den beiden Zahlen in den Zellen **A3** und **B3** zu.

Klickt man die Zelle **C7** an, so sieht man einen Rahmen mit einer Markierung rechts unten. Klickt man auf diese Markierung und zieht sie mit gedrückter Maustaste nach unten etwa bis Zelle **C17**, so erhalten alle Zellen **C7–C17** einen entsprechenden Eintrag. In Zelle **Ck** steht also `123,45+A(k-4)+`$B$3 bzw. die entsprechende Zahl. Dies dokumentiert den Unterschied von `$B$3` und `B3`. `$B$3` ist eine absolute Adressierung, d. h. gemeint ist immer der Inhalt von Zelle **B3**, egal von welcher Zeile aus darauf zugegriffen wird. Der Eintrag `A3` in Zelle **C7** also in Zeile 7 = 3 + 4 bedeutet dagegen Zugriff auf den Eintrag in Spalte **A** vier Zeilen vorher. Dieser relative Bezug führt dazu, dass dann in den Zellen **C7–C17** auf verschiedene Zeilen von Spalte **A** zugegriffen wird.

Trägt man in **C8** eine Formel ein, die auf **C7** zugreift, und zieht dann **C8** nach unten, so erhält man eine Rekursion, bei der sich jedes **Ck** auf gleiche Weise aus **Ck-1** berechnet.

Rekursionen kommen an vielen Stellen im Mathematikunterricht vor und können hier auch mal etwas weiterverfolgt werden.

1.1.2 Wertetabelle mit Excel

Aufgabe Man erstelle eine Wertetabelle von $\sin(x)$ im Intervall $x \in [1,2;7,5]$ mit Excel!

Die Wertetabelle erhält man sehr einfach auf folgende Weise:

A1: `=1,2` (erster x-Wert)
A2: `=A1+0,1` (nächster x-Wert, dargestellt als vorhergehender x-Wert plus Inkrement)
Herunterziehen der Zelle **A2** bis Zelle **A64** ((7,5 − 1,2)/0,1 + 1 = 64)

B1: =sin(A1)

Herunterziehen der Zelle **B2** bis Zelle **B64**. Nun enthält Spalte A und B eine Wertetabelle für die Sinusfunktion.

1.1.3 Funktionsgraphen mit Excel

Aufgabe Man erstelle eine Darstellung des Graphen der Funktion sin (*x*) im Intervall $x \in [1,2;7,5]$ mit Excel!

Ein Bild der Funktion erhält man über die Taskleiste durch Anklicken des *Diagrammassistenten*. In dem sich öffnenden Fenster wählt man *Diagrammtyp Punkt(XY)* und einen *Diagrammuntertyp=*. Man klickt auf *Weiter*.

In ein Bild können mehrere Kurven gezeichnet werden. Dazu geht man auf *Reihe* und *Hinzufügen*. Nun kann man 3 Einträge machen. Der erste bewirkt eine Beschriftung der Kurve (hier sin(x)).

Im zweiten Feld gibt man den Tabellenbereich an, aus dem die *x*-Argumente stammen sollen, hier also: =Tabelle1!A1:A64.

Im dritten Feld gibt man den Tabellenbereich an, aus dem die *y*-Argumente stammen sollen, hier also: =Tabelle1!B1:B64.

Die Kurve trägt die Daten aus Spalte B gegen die Daten aus Spalte A gegeneinander auf. (Tabelle1! zeigt an, dass auf Zellen dieser Tabelle Bezug genommen wird. Es kann aber auch auf andere Tabellen zugegriffen werden.)

Der Bildausschnitt wird dabei automatisch so gewählt, dass alles dargestellt werden kann. Dies kann hinderlich sein und kann geändert werden.

Auch nach *Fertigstellen* kann das Bild weiterformatiert werden.

Fester Bildausschnitt: Ein fester Bildausschnitt ist von Vorteil, wenn man beobachten will, wie sich eine Funktion ändert, wenn man Parameter verändert. Dazu klickt man mit der rechten Maustaste auf die Achsenbeschriftung und wählt im Punkt *Skalierung* anstelle *automatisch* einen festen Wert.

Wir erhalten so ein ansprechendes Bild der Funktion. Durch Ersetzen des Eintrages in Zelle **B1** und Herunterziehen kann schnell eine andere Funktion implementiert werden, das Bild ändert sich dann automatisch mit. Man kann dann z. B. untersuchen, wie eine Funktionsklasse von einzelnen Parametern abhängt.

1.1.4 Parameterstudien mit Excel

Aufgabe Man erstelle eine Darstellung des Graphen der Funktion $f(x) = a\sin(bx + c)$ und studiere den Einfluss der Parameter a, b und c.

Wir zeichnen dazu die Sinusfunktion mit Excel im Intervall [0; 10] durch folgende Einträge:

A1: a= (Textkommentar)
B1: =1,0 (Wahl von a)
A2: b= (Textkommentar)
B2: =1,0 (Wahl von b)
A3: c= (Textkommentar)
B3: =1,0 (Wahl von c)
D1: =0
D2: =D1+0,1
Herunterziehen von Zelle **D2** bis Zelle **D101**
E1: =$B$1*SIN($B$2*D1+$B$3)
Herunterziehen von Zelle **E2** bis Zelle **E101**

Im Diagramm-Menü wird dann =Tabelle1!$D$1:$D$101, bzw., =Tabelle1!$E$1:$E$101 eingetragen. Der dargestellte Bereich wird fest gewählt.

Durch Änderung der Einträge in den Zellen **B1**, **B2** und **B3** lassen sich dann die Parameter a, b und c ändern und die Auswirkung auf das Ergebnis sofort betrachten.

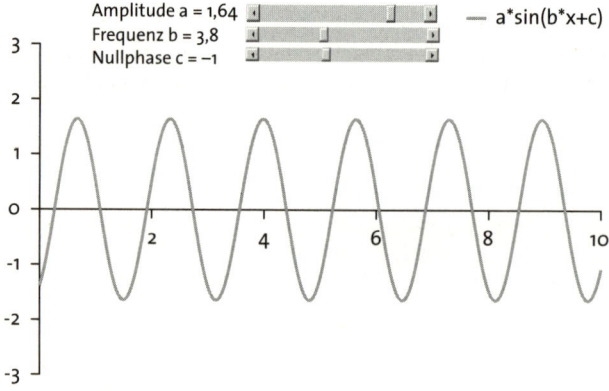

Abb. 1.1: Darstellung einer Sinusschwingung in Excel

1.1.5 Bildlaufleisten in Excel

Der Einfluss von Parametern auf den Verlauf einer Funktion lässt sich am einfachsten studieren, wenn die Parameter nahezu kontinuierlich variiert werden können und dabei stets sogleich der Effekt auf den Funktionsgraphen beobachtet werden kann. Dies ist mit Bildlaufleisten möglich.

Klickt man auf *Ansichten-Steuerelemente-Bildlaufleisten* so kann man irgendwo in der Tabelle mit der Maus ein kleines Steuer-Fenster kreieren.

Klickt man mit der rechten Maustaste in dieses Fenster, kann man die Eigenschaften editieren. Wichtig ist zunächst nur die Eigenschaft *Min*, *Max* und *Linked Cell*. Setzt man z. B. *Min* =0 und *Max* =100 und *Linked Cell* =G1, so wird später durch den Schieberegler der Bildlaufleiste der Zelleneintrag **G1** zwischen 0 und 100 ganzzahlig variiert. Nach Beendigung des Eigenschaftenmenüs und *Beenden des Entwurfsmodus* (Kästchen mit dem Geodreieck in der Symbolleiste), kann der Schieberegler verwendet werden. Soll ein Parameter in einem anderen Bereich in 100 Schritten variiert werden, also z. B. Parameter $a \in [-5; 10]$ in Zelle **B1**, so kann dies durch den Eintrag:

B1: =-5+15*$G$1/100

realisiert werden.

Analog kann man für alle 3 Parameter einer Parabel einen Schieberegler definieren und so den Einfluss der Parameter auf die Form des Funktionsgraphen studieren. In Abbildung 1.1 sind über der Kurve die 3 Schieberegler zu sehen und die durch sie geregelten Parameterwerte $a = 1{,}64$, $b = 3{,}8$ und $c = -1$.

Beispiele anderer für die Schule interessanter Funktionstypen, bei der der Einfluss von Parametern studiert werden könnte:

$$f(t) = a + bx \text{ Gerade} \tag{1.1.1}$$

$$f(t) = a_0 + a_1 x + a_2 x^2 + a_3 x^3 \text{ kubisches Polynom} \tag{1.1.2}$$

$$f(t) = A \sin(\omega t) \text{ Schwingung} \tag{1.1.3}$$

$$f(T) = a \cdot e^{\frac{E}{RT}} \text{ (Arhenius-Gesetz)} \tag{1.1.4}$$

1.2 Ausgleichskurven

In vielen Wissenschaften vermutet man oft gewisse mathematische Zusammenhänge zwischen 2 oder mehr Größen. Beispielsweise einen linearen Zusammenhang zwischen x und y oder $y = ax + b$. Zum Testen einer solchen Hypothese erhebt man Messdaten und überprüft, ob sich der vermutete Zusammenhang belegen lässt. Dabei sind die Messdaten oft verrauscht, sodass man keine 100%ige Übereinstimmung erwarten kann. Eine Grundaufgabe ist es dabei, die in der Hypothese oft enthaltenen Parameter so anzupassen, dass die Messdaten möglichst gut wiedergegeben werden. Gelingt es dennoch nicht zufriedenstellend, ist die Hypothese widerlegt.

1.2.1 Ausgleichsgerade

Will man eine Gerade möglichst gut durch vorgegebene Punkte zeichnen, muss man sich Gedanken darüber machen, wie dies am besten zu erfolgen hat. Nahe liegend wäre es, die Gerade so zu wählen, dass die Summe der euklidischen Abstände aller Punkte von der Geraden, also die Summe der Längen der Lote, minimal wird. Dies ist leider mathematisch eine etwas schwierigere Aufgabe und oft auch nicht sinnvoll. Nimmt man aber an, dass die Funktionswerte einer unbekannten Funktion durch Messfehler verfälscht sind, sodass von jedem Wertepaar (x_i, y_i) das x-Argument korrekt und nur der y-Wert zufällig verfälscht ist mit Erwartungswert $E(y_i) = f(x_i)$ und gleicher Streuung $Var(y_i) = \sigma^2$, so ist es sinnvoll, Funktionen zu suchen mit

$$\sum_{i=1}^{n} (f(x_i) - y_i)^2 \rightarrow \min. \tag{1.2.5}$$

Sucht man Funktionen eines bestimmten Typs, etwa Geraden der Bauart

$$f(x) = ax + b,$$

so führt das auf ein Minimierungsproblem, d. h. man sucht das Minimum der Funktion

$$F(a, b) := \sum_{i=1}^{n} (ax_i + b - y_i)^2 \rightarrow \min.$$

Dies führt auf ein lineares Gleichungssystem und ist in vielen Taschenrechnern und auch in Excel implementiert. Damit lassen sich aber nur Ansätze behandeln, die linear von den Parametern abhängen also etwa (1.1.1) oder (1.1.2). (Die Funktionen selbst müssen nicht linear sein.)

Man kann eine Parameteranpassung aber auch mit freiem Auge vornehmen, indem man die Messdaten und den Verlauf der Modellkurve in einem

Bild darstellt, an den Parametern „dreht" und die Anpassung mit dem Auge überprüft und bewertet.

Das Ergebnis kann dann noch mit Gleichung (1.2.5) überprüft und durch kleine Änderungen der Parameter weiter verbessert werden. Auf diese Weise sind oft auch nichtlineare Ausgleichsprobleme gut behandelbar. (Dies sind Probleme, bei denen die Modellfunktion nichtlinear in den Parametern ist, also etwa (1.1.3) oder (1.1.4).)

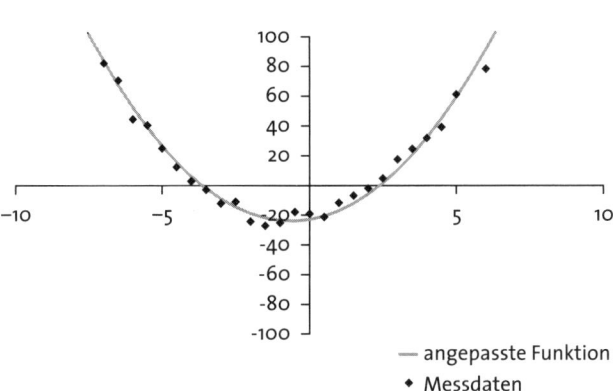

Messdaten einer Parabel und angepasste Kurve

— angepasste Funktion
♦ Messdaten

Abb. 1.2: Rekonstruktion einer Parabel aus gestörten Daten

1.2.2 Simulation zufällig verrauschter Daten einer Funktion in Excel

Um Ausgleichsmethoden testen zu können, benötigt man Messwerte oder wenigstens Daten, die Messwerte sein könnten, also zufällig verrauschte Werte einer theoretisch gegebenen Funktion.

Liegen diese nicht vor, kann man sie mit Excel auch künstlich erzeugen. Zunächst definiert man die ungestörte Funktion z. B. in Spalte A und B.

Mit Hilfe des Eintrags **C1**: =ZUFALLSZAHL() erzeugt man eine in [0; 1] gleich verteilte Zufallszahl in Zelle **C1**.

Diese einmal berechnete Zahl kann man fixieren, wenn man den Vorgang nicht mit **Enter** sondern mit **F9** abschließt.

Benötigt man viele Zufallszahlen in Spalte **C**, so markiert man Zelle **C1** und zieht sie entsprechend nach unten. Macht man dies vor der Fixierung, erhält man verschiedene Zufallszahlen. Will man diese fixieren, muss man jede einzelne Zufallszahl nachträglich fixieren.

Dies geschieht durch Anklicken der ersten Zelle **C1** und anschließend die Tastenfolge

F2 – F9 – Return – F2 – F9 – Return …

D1: `=B1+M*(2*C1-1)` verfälscht den Funktionswert in **B1** um maximal $\pm M$. Für M ist eine Zahl einzusetzen. Analog für die ganze Spalte **D**.

Zeichnet man Spalte **D** gegen Spalte **A**, ohne Verbindung der Punkte, so hat man eine typische Konstellation, wie bei realen Messvorgängen.

Nun kann man versuchen, die zu Grunde liegende Funktion durch Parameteranpassung zurückzugewinnen. Dazu definiert man sich geeignete Ansatzfunktionen mit Parametern, die man an den gleichen x-Werten auswertet und in das gleiche Bild einzeichnet. Durch Verändern der Parameter mit den Schiebereglern wird der Funktionsgraph optimal an den Punktehaufen angepasst. Zur Kontrolle kann man sich noch die Abweichungsquadratsumme protokollieren lassen (vgl. Abb 1.3, Zelle F5). Nach einer ersten Parameteranpassung mit freiem Auge kann man dann noch eine Feinjustierung vornehmen, sodass der gewählte Parametersatz die Fehlerquadratsumme (lokal) minimiert.

Aufgaben: Bei beliebigen realen Datensätzen kann der Funktionstyp geraten werden und überprüft werden, welcher Typ am besten passt. Man versuche die Sinusfunktion durch ein Polynom zu approximieren.

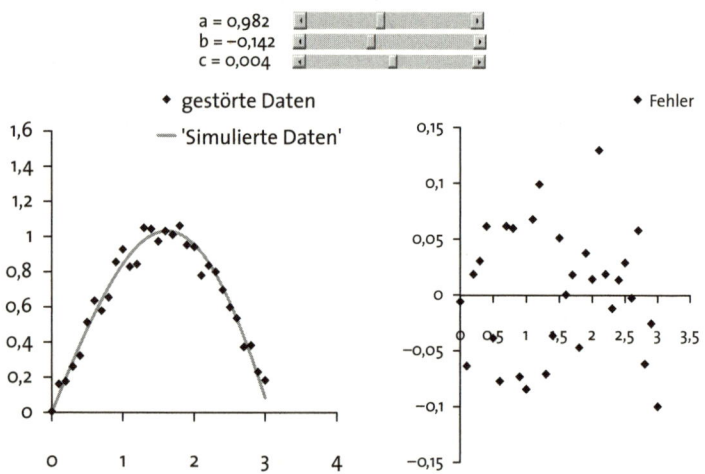

Abb. 1.3: Polynomapproximation der Sinusfunktion und Differenz-Messwerte-Modellkurve

In Abbildung 1.3 ist der Versuch dargestellt, eine Sinusfunktion $y = \sin(x)$ durch ein Polynom des Typs $p(x) = ax + bx^3 + cx^5$ zu approximieren. Dies funktioniert relativ gut, da die geraden Potenzen in der Taylorentwicklung der Sinusfunktion bei $x = 0$ nicht vorkommen. War die Ansatzfunktion gut gewählt, sollten die Messdaten nach der Parameteranpassung keine systematischen Abweichungen von der Modellkurve mehr aufweisen. Die Abweichungen können groß sein, aber sie sollten zufällig verteilt sein. Will man die Abweichung von Modellkurve und Messdaten auf systematische Fehler überprüfen, kann man sich die Differenz gegen x auftragen. Diese Kurve sollte keinen Trend aufweisen und möglichst auch zufällig das Vorzeichen wechseln. Dies ist im vorgelegten Beispiel sehr gut gelungen, auch wenn die Abweichungen immer noch sehr groß sind.

1.3 Differentialgleichungen mit Excel

Differentialgleichungen spielen in der Schule nur eine untergeordnete und versteckte Rolle.

In der Biologie werden sie im Zusammenhang mit dem **exponentiellen Wachstum** benötigt, in der Chemie und Physik analog beim **exponentiellen Zerfall**. Dabei wird möglichst schnell zur analytischen Lösung übergegangen und der Eindruck erweckt, analytische Lösungen könnten stets angegeben werden. Tatsächlich sind Differentialgleichungen in der Regel nicht analytisch lösbar. Dies gilt insbesondere für Systeme nichtlinearer Differentialgleichungen.

Dagegen ist es aber relativ leicht möglich, numerische Näherungen anzugeben und mit Excel zu berechnen, wenn nicht auf Effizienz geachtet werden muss.

1.3.1 Das explizite Eulerverfahren

Differentialgleichungen treten dann auf, wenn die Änderung eines sich zeitlich stetig verändernden Zustandes vom Zustand selbst abhängt. Dabei ist der aktuelle Zustand oft durch mehrere Größen $y \in \mathbb{R}^n$ beschrieben und die Differentialgleichung ist von der Form

$$\dot{y}(t) := \frac{\mathrm{d}}{\mathrm{d}t} y(t) = f(t, y)$$

Beispiele: Eine Population P wächst umso schneller, je größer sie ist, da sich jedes Individuum mit einer typischen Reproduktionsrate r vermehrt. Es gilt dann:

$$\dot{P} = f(t, P) := rP.$$

Radioaktives Uran zerfällt proportional zur Menge des vorhandenen Urans

$$\dot{U} = f(t, U) := -\lambda U.$$

Ein Stein fällt auf Grund der Erdbeschleunigung und unter Vernachlässigung der Luftreibung senkrecht nach unten. Hier besteht der Zustand aus zwei Angaben: der Höhe h und der Geschwindigkeit v:

$$\dot{y} := \begin{pmatrix} \dot{h} \\ \dot{v} \end{pmatrix} = \begin{pmatrix} -v \\ g \end{pmatrix} =: f(t, y).$$

Kennt man den Zustand zu einer Zeit t, lässt sich für eine nahe Zukunft der Zustand näherungsweise durch das explizite Eulerverfahren vorhersagen. Die Herleitung geschieht über die Definition des Differenzenquotienten. Es gilt:

$$\lim_{h \to 0} \frac{y(t + h) - y(t)}{h} = \dot{y}(t),$$

d. h., für kleines $h \approx 0$ gilt:

$$y(t + h) \approx y(t) + h\dot{y}(t) = y(t) + hf(t, y(t)). \tag{1.3.6}$$

Diese Vorschrift kann man verwenden, um ausgehend von einem Startwert $(t_0, y(t_0))$ für diskrete Zeitpunkte $t_i = t_0 + ih$ der Reihe nach Approximationen $y_i \approx y(t_i)$ nach der Rekursion

$$y_{i+1} = y_i + hf(t_i, y_i)$$

zu berechnen. Die Approximation ist dabei nur dann genau genug, falls $h \approx 0$, also klein genug ist. Dies muss unbedingt überprüft werden.

Eine einfache Heuristik ist: h so lange zu verkleinern, bis sich die Lösung im Rahmen der benötigten Genauigkeit nicht mehr ändert.

1.3.2 Differentialgleichungen mit Excel

Schon bei der Darstellung von Funktionen mit Excel haben wir Rekursionen verwendet, um x-Argumente mit konstantem Inkrement zu erzeugen. Jetzt wählen wir z. B.

● Spalte **A** zur Beschreibung von Parametern,
● Spalte **B** zur Vereinbarung von Parametern,
● Spalte **C** zum Platzieren von Bildlaufleisten
● Spalte **D** für die t-Werte,
● Spalte **E** für den Zustand
● Spalte **F** für die Ableitung.

Aufgabe   Eine Population entwickle sich gemäß

$$\dot{P} = aP - bP^2 \quad P(2005) = 100 \quad t \in [2005; 2010].$$

Man berechne $P(t)$ näherungsweise mit verschiedenen Schrittweiten.

A1: a= (Geburtenrate)
B1: =$C$1
C1: Platzieren einer Bildlaufleiste gelinkt nach **C1**
A2: b= (Hemmrate)
B2: =$C$2
C2: Platzieren einer Bildlaufleiste gelinkt nach **C2**
A3: h= (Schrittweite)
B3: =5*$C$3/10000 (Skalierung so, dass bei Variation von h mit dem Schieberegler in 1000 Eulerschritten der Endpunkt erreicht werden kann.)
C3: Platzieren einer Bildlaufleiste gelinkt nach **C3**
D1: =2005 (Startzeitpunkt)
D2: =D1+$B$3
Herunterziehen bis **D1001**
E1: =100 (Startwert)
F1: =$B$1*E1-$B$2*E1*E1
Herunterziehen bis **F1001**
E2: E1+$B$3*F1
Herunterziehen bis **E1001**

Variiert man die Schrittweite h, so ändert sich nicht nur das Intervall, in dem die Population simuliert wird, sondern bei großen Schrittweiten ändert sich auch das Ergebnis der Simulation. Dies sieht man erst, wenn man mit festem Bildausschnitt arbeitet. Vergrößert man dann eine sehr kleine Schrittweite sehr vorsichtig, so reicht der simulierte Bereich immer weiter nach rechts, unterscheidet sich aber im ersten Teil nicht vom Ergebnis mit kleinerer Schrittweite. Es sieht aus, als ob die Kurve immer weiter gezeichnet würde.

Die Abbildungen 1.4–1.6 erhält man mit den Parametern $(a; b) = (725{,}2; 0{,}04157)$. Bei sehr kleiner Schrittweite erreicht man auch nach 1000 Schritten noch nicht die asymptotische Phase.

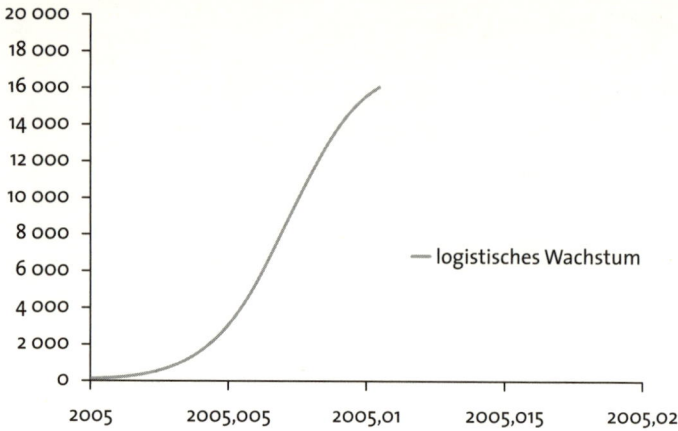

Abb. 1.4: Logistisches Wachstum mit 1000 sehr kleinen Schritten

Bei etwas größerer Schrittweite ist die Grenzpopulation erkennbar. Das Simulationsergebnis unterscheidet sich dabei im vorderen Teil nicht von dem mit kleinerer Schrittweite.

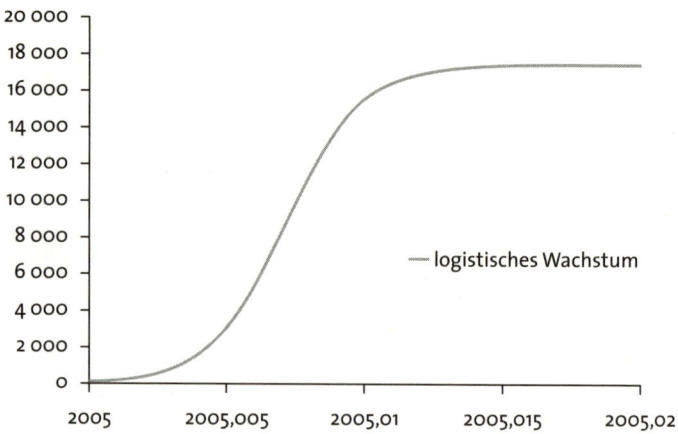

Abb. 1.5: Logistisches Wachstum mit 1000 mittleren Schritten

Bei größer werdenden Schrittweiten erhält man nicht nur eine künstliche Oszillation, es ändert sich auch der Verlauf zu Beginn des Wachstums. Die Genauigkeit lässt also merklich nach.

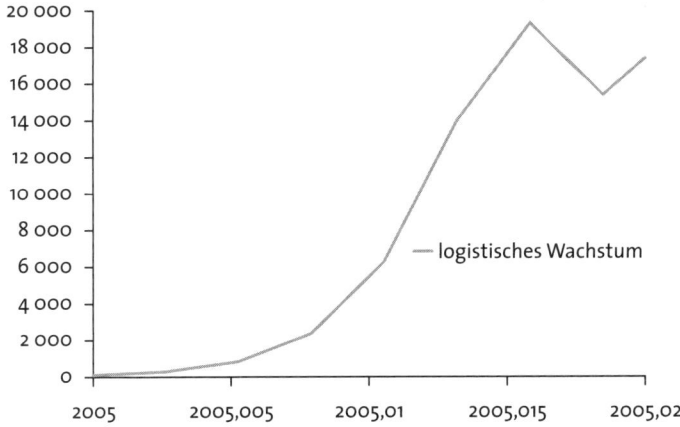

Abb. 1.6: Logistisches Wachstum mit zu großen Schritten

In Abbildung 1.6 wird bei zu großer Schrittweite zunächst ein zu geringer Anstieg berechnet und später Oszillationen vorgetäuscht. Ändert sich allgemein die Simulationskurve nicht erkennbar, auch wenn man die Schrittweite ändert, so kann man davon ausgehen, dass die Annahme in (1.3.6) gerechtfertigt ist. Ändert man die Parameter a und b, so kann der Verlauf der Simulationskurve an eventuell gegebene Daten angepasst werden. Um dies erkennen zu können muss die Skalierung der Achsen unbedingt eingefroren werden.

1.3.3 Differentialgleichungen auf festem Gitter

Im vorherigen Kapitel haben wir durch die Schrittweite die Genauigkeit gesteuert und dabei das Simulationsintervall mitverändert. Dies war notwendig, weil bei Rekursionen mit Excel die Zahl der Iterationen nicht vom Ergebnis abhängig gemacht werden kann. Es wurden daher einfach 1000 Integrationsschritte vorgesehen und bei großen Schrittweiten über das Ziel, das heißt, den Endpunkt des Intervalls hinaus simuliert. Bei festem Bildausschnitt fällt dies nicht auf.

In manchen Fällen ist es aber nötig, trotzdem auf simulierte Ergebnisse zu genau definierten Zeitpunkten zuzugreifen. Will man dennoch die Schrittweite verändern können, muss man dann aus den vielen berechneten Daten die richtigen auswählen.

Beispiel 1.3.1 (Vergleich mit Messdaten) Im Intervall $t \in [0; 10]$ seien zu 11 Zeitpunkten t_i, $i = 1, \ldots, 11$ im Abstand 1 Messdaten m_i gegeben, mit denen die simulierten Werte verglichen werden sollen, so muss die Schrittweite stets so gewählt werden, dass zu den gewünschten Zeitpunkten t_i auch Simulationsergebnisse $y(t_i)$ vorliegen. Als Schrittweite wählt man dann etwa

$$h_i = \frac{t_{i+1} - t_i}{k},$$

also hier $h = 1/k$ mit $k \in \{1, 2, \ldots, 100\} \subset \mathbb{N}$. Dann benötigt man maximal (für $k = 100$) 1000 Integrationsschritte und kann wie im vorhergehenden Abschnitt die Rekursion 1000-mal ausführen.

Um nun auf die Werte an den interessanten Stellen zuzugreifen, benötigt man indirekte Adressierung. Dazu dienen die Excelbefehle INDIREKT und ADRESSE.

ADRESSE(Z,S) liefert den Verweis auf den Tabelleninhalt aus Zeile Z und Spalte S. Z und S darf durch arithmetische Ausdrücke ersetzt werden.

INDIREKT(ADRESSE(Z;S)) liefert den Tabelleninhalt aus Zeile Z und Spalte S. (Dabei sind die Buchstaben in S durch Nummern ersetzt.)

Wir verwenden die Spalten **G**, **H** und **I**, um die geeigneten Daten auszuwählen und programmieren die Schrittweite neu

B3: =1/$C$3 (Anzahl der 1 bis 100 Schritte pro Teilintervall)
G1: =1
G2: =G1+1
Herunterziehen bis **G11**
H1: =INDIREKT(ADRESSE(1+(G1-1)* $B$3;4))
Herunterziehen bis **H11**
I1: =INDIREKT(ADRESSE(1+(G1-1)* $B$3;5))
Herunterziehen bis **I11**
H1–H11 und **I1–I11** enthalten dann die interessanten Einträge aus Spalte **D** und **E**.

Diese Methode wird in Kapitel 2 verwendet.

2. Bestimmung optimaler Thunfischfangquoten im Ostatlantik

Situation: Die Thunfischgründe im Ostatlantik an der Westküste Afrikas sind in den letzten Jahren derart zurückgegangen, dass die Existenz der örtlichen Fischer massiv bedroht ist. Die einfachen Fangmethoden ohne Radar erlauben gerade noch ein Überleben, bis das Boot verrostet ist. Rücklagen für eine Nachfolgeinvestition können nicht gebildet werden. Der Fischfang lohnt sich in dieser Form also wirtschaftlich nicht mehr. Man sagt auch: Der Thunfisch ist ökonomisch überfischt.

Man würde normalerweise erwarten, dass dies dazu führen würde, dass keine weiteren Fangschiffe gebaut werden, sondern das entsprechende Kapital anderweitig investiert würde. Tatsächlich erlauben modernste Fang- und Verarbeitungstechniken mit Radar und Kühlanlagen immer noch ausreichenden Profit, sodass ständig weitere moderne Fangboote aus einigen Industriestaaten vom Stapel laufen. Dies verschärft die Situation der kleinen Fischer ohne alternative Erwerbsquelle.

Eine Selbstregulation durch die Wirtschaft ist also nicht zu erwarten. Bei freiem Markt, werden solange neue Boote gebaut, wie ein Gewinn erwartet wird. Der moderne Bootsbau stoppt erst, wenn selbst ein zusätzliches Boot modernster Technik keinen Gewinn mehr verspricht. In dieser Situation ist der Gewinn der bereits gebauten Boote mit modernster Technik minimal, und Boote mit etwas älterer Technik arbeiten bereits mit Verlust. Wenn es so weit kommt, sind die kleinen lokalen Fischer bankrott. Zurzeit ist ein Stand erreicht, wo bereits ein durchschnittliches Boot mit Verlust arbeitet. Dennoch werden noch neue Boote modernster Technik gebaut.

Die Völkergemeinschaft versucht regelmäßig die Population wichtiger Arten durch Fangquoten zu sichern. Dabei wird die Diskussion oft ideologisch und emotional geführt und hat daher keine Aussicht, die wirtschaftlich argumentierenden Länder zu überzeugen. Dies ist vermeidbar, da ganz rationale wirtschaftliche Gründe für Fischfangquoten sprechen können.

Aufgabe Um die Auswirkung von Fangquoten auf die Population eines Bestandes vorhersagen zu können und überzeugende Argumente in die Diskussion einbringen zu können, muss man die Zusammenhänge zwischen Thunfischpopulation und Fischfang aufklären und simulieren. Dazu gilt es, zunächst ein Modell zu erstellen.

Als Daten liegen die Fangdaten von drei verschiedenen Thunfischarten vor[2]. Sie unterscheiden sich in ihren Lebensgewohnheiten (Küstennähe, Küstenferne, Schwimmtiefe) und sind daher verschieden aufwändig zu fangen. Zudem sind die Fangboote auf die Arten weitgehend spezialisiert, sodass auch erfolglose Fangtage einer Fischart zugeordnet werden können.

Gelbflossenthunfisch		Grossaugenthunfisch		Echter Bonito (Skipjack)	
Ertrag in Tonnen	Aufwand in SDs	Ertrag in Tonnen	Aufwand in SDs	Ertrag in Tonnen	Aufwand in SDs
53200	12800	9600	11200	19000	8300
74400	15500	13300	15200	44600	12300
82100	21400	18200	16700	26300	9400
61200	19900	14600	23100	46900	15900
58900	18600	22900	33300	72400	23400
78900	18600	20700	27600	70900	24100
84900	31900	23900	35400	72800	25000
96300	30400	19500	37800	113000	46200
109500	41600	17800	45200	57300	26600
114400	40200	16300	47800	73200	40100
114200	42700	18300	54900	113700	68700
118500	54900	18400	70700	100200	63800
115100	60200	20200	79200	84000	68500
100100	57700	13600	74600	97200	79600

Ein Standard day (SD) ist ein Fangtag eines Referenzbootes mittlerer Fangeignung mit mittleren Kosten. Die Preise am Weltmarkt sind relativ stabil. Die Kosten eines Fangtages unterscheiden sich teilweise erheblich.

Thunfischpreise und Kosten eines Fangtages		
	Preis/Tonne	Fangkosten/SD
Echter Bonito	1200 $	2000 $
Grossaugenthunfisch	1300 $	400 $
Gelbflossenthunfisch	1300 $	2000 $

---

2 Aus: RICHARD ADU-ASAMOAH and JON M. CONRAD: *Bioeconomics and the Management of Thuna Stocks in the Eastern Tropical Atlantic*, Lecture Notes in Biomathematics 54, 1984, p.:262–285.

Das Problem tangiert die Bereiche Biologie, Wirtschaft, Ökologie und Politik und die Diskussion ist entsprechend emotional angeheizt. Die Mathematik kann hierbei entscheidende Aussagen machen. Dies ist in allgemeiner qualitativer Form sogar ohne Datenmaterial möglich. Konkrete quantitative Aussagen erfordern natürlich Daten und Simulationen.

2.1 Klassische Populationsmodelle

Im Rahmen des Biologieunterrichtes werden Wachstumsprozesse behandelt. Dies ist wesentlich, um ein Verständnis der Begrenztheit unserer Ressourcen zu erlangen und einen verantwortungsvollen Umgang mit unserer Umwelt zu motivieren. Gleichzeitig wird erfahren, wie unvorhersehbar nichtlineare dynamische Systeme auf Eingriffe reagieren können. Auch dies ist wichtig, wenn die Schüler für die Gefahren menschlicher Eingriffe auf unsere Umwelt sensibilisiert werden sollen. Auch wenn Populationsmodelle oft mit sehr großen Unsicherheiten behaftet sind, lassen sich an ihnen besonders kreativ wichtige Aspekte der mathematischen Modellbildung erkennen und erlernen.

2.1.1 Exponentielles Wachstum

Als einfachstes und wichtigstes Wachstumsmodell wird oft das exponentielle Wachstum behandelt.

Motiviert durch den Begriff der Reproduktionsrate oder durch Beobachtung von durchschnittlichen Nachkommenzahlen etwa bei Kaninchen, ist der Zuwachs einer Population proportional zur Population selbst:

$$\dot{P}(t) = cP(t).$$

Bei Erfahrungen mit der Exponentialfunktion lässt sich diese Differentialgleichung auch ohne Lösungstheorie durch Wiedererkennen lösen.

$$P(t) = P(t_0)\, e^{c(t-t_0)}$$

Nach Vorgabe kann das Resultat wenigstens durch Differenzieren verifiziert werden.

Tatsächlich lässt sich ein solches Wachstum auch gut unter Laborbedingungen beobachten, wenn die wesentlichen Lebensbedingungen der Population konstant gehalten werden. Yoghurt kurz nach Ansetzen in der Milch, Mikroorganismen auf Nährboden, Kaninchen in Käfighaltung.

Eine asymptotische Betrachtung der Lösung

$$\lim_{t \to \infty} P(t) = \infty$$

macht aber sofort klar, dass exponentielles Wachstum nur endliche Zeit lang möglich ist. Es kommt also bei zunehmender Population durch irgend einen Effekt zu einer Situation, in der ein weiterer Anstieg vermieden wird, oder sogar ein Rückgang erfolgt. In der Regel ist dies eine schmerzhafte Verschlechterung der Lebensbedingungen. Der Mensch hat es in der Hand, entgegen seinem biologischen Auftrag, bei optimalen oder wenigstens guten Lebensbedingungen auf schmerzlose Weise vorzeitig für eine Stagnation des Wachstums zu sorgen. Diese Einsicht ist eine weit reichende ökologisch-politische Konsequenz dieses Resultates und eines der Lernziele ökologischen Unterrichts.

2.1.2 Logistisches Wachstum

Ist das Ökosystem einigermaßen stabil, sodass eine Population keine merklichen Änderungen erzwingen kann, so ist der einzige sich ändernde Faktor, der das Wachstum begrenzen kann, die Population selbst. Man modelliert daher eine Wachstumsrate, die bei zunehmender Population immer kleiner und bei einer Grenzpopulation $P = K$ null wird.

$$\dot{P} = r\left(1 - \frac{P}{K}\right)P$$

K heißt dann Kapazität. Eine echte Kapazität liegt etwa vor, wenn der limitierende Faktor einer Pflanze ein geeigneter Boden ist. Die Chance, dass ein Samen auf geeigneten freien Boden fällt, ist dann proportional zur Zahl freier Plätze $1 - \frac{P}{K}$.

Ein ähnlicher Fall liegt vor bei Plankton fressenden Fischen am Korallenriff bei konstanter Menge vorbeitreibenden Planktons.

Der Ansatz lässt sich aber auch motivieren, wenn man eine Behinderung beim zufälligen Zusammentreffen zweier Individuen postuliert (Streit um die gleiche Nahrung). Es gilt dann:

$$\dot{P} = rP - bP^2$$

mit $b = r/K$. Die Lösung dieser Differentialgleichung ist zwar analytisch möglich, aber nicht mit Schulmethoden.[3]

---

3   Es handelt sich um eine so genannte trennbare Differentialgleichung und es gilt:
$\int \frac{1}{rP - bP^2}\,dy = \int 1\,dt = t + c \Rightarrow y(t) = \frac{r/b}{1 + (r/(by(0)) - 1)\,e^{-rt}}$.
Durch Ableiten und Einsetzen lässt sich dies zwar nachprüfen, aber dies ist generell eine Sackgasse. Allgemeine nichtlineare Differentialgleichungen mit mehreren Zustandsgrößen $y \in \mathbb{R}^n$ sind meist nicht analytisch lösbar.
Viel leichter zu verstehen und universeller einsetzbar sind numerische Näherungsmethoden, die allerdings auch ein paar Fallstricke besitzen, auf die hingewiesen werden sollte.

Approximiert man die Lösung der Differentialgleichung mit dem expliziten Eulerverfahren (siehe Abschnitt 1.3), erhält man:

$$\dot{P}(t) \approx \frac{P(t + \Delta t) - P(t)}{\Delta t}$$

$$\Rightarrow P(t + \Delta t) \approx P(t) + \Delta t \dot{P}(t)$$

$$= P(t) + \Delta t \left[r P(t) - b P(t)^2 \right].$$

Mit dieser Rekursion kann man die Populationsentwicklung also näherungsweise simulieren. Dabei sollte man testweise Δt bei einer zweiten Simulation noch weiter verkleinern. Ändert sich dabei das Simulationsergebnis nur unerheblich, kann man der Simulation im Wesentlichen vertrauen.

In vielen Ökosystemen haben die Populationen aber auch nachhaltigeren Einfluss auf ihre Lebensbedingungen, d. h., sie beeinflussen andere Faktoren, die sich wieder auf sie selbst auswirken. In erster Linie gilt das für die Nahrung einer Population. Explodiert eine Population, verringert sich die verfügbare Nahrung und die Lebensbedingungen bleiben auch dann noch zunächst schlecht, wenn die Population durch Hunger wieder dezimiert wurde. Dies simuliert man in Räuber-Beute Modellen.

2.1.3 Räuber-Beute-Modell

Bei Räuber-Beute-Modellen, wird die Beute durch die Räuber oft so stark dezimiert, dass danach eine Hungersnot unter den Räubern ausbricht und diese stark reduziert werden, bis sich die Beutepopulation langsam wieder erholt. Solange kaum noch Räuber vorhanden sind, explodiert dann die Population der Beute und die Bedingungen für die Räuber verbessern sich zunehmend. Diese vermehren sich dadurch irgendwann schneller als die Beute, sodass diese wieder reduziert wird. Man beobachtet daher oft ein oszillierendes Verhalten.

Das einfachste Modell lautet:

$$\dot{B} = rB - fRB$$

$$\dot{R} = -mR + efRB$$

mit der Reproduktionsrate r der Beute, der Mortalitätsrate m des Räubers, der Fangerfolgsrate f und der Nahrungsausnutzungseffizienz e.

Die stationären Punkte erhält man durch Nullsetzen der Ableitungen

$$0 = rB - fRB = B(r - fR)$$

$$0 = -mR + efRB = R(efB - m)$$

Einer befindet sich im Ursprung ($R = B = 0$), der andere bei $(R, B) = \left(\frac{r}{f}, \frac{m}{ef} \right)$.

Ein etwas modifiziertes Modell lautet:

$$\dot{B} = rB - fRB - bBB$$

$$\dot{R} = -mR + efRB$$

mit b Eigenbehinderungsrate der Beute.

Je nach Größe der Parameter r, m, b, f, e gibt es auch stabile stationäre Zustände, in die das System einschwingt.

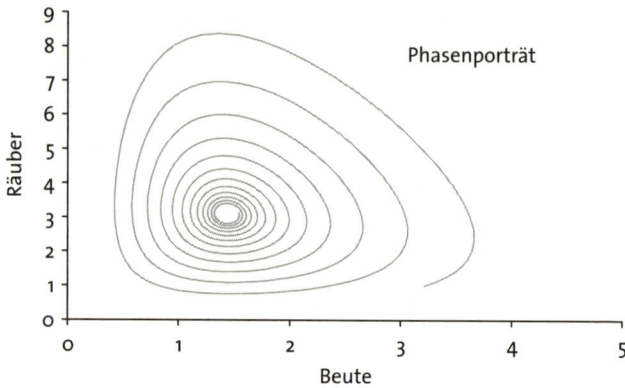

Abb. 2.1: Phasenporträt für (r, m, b, f, e) = (7.7978, 9.1425, 0.8066, 2.150, 2.957)

Auch dieses Modell ist meist viel zu einfach, um daraus quantitative Aussagen abzuleiten. Qualitative Aussagen sind aber teilweise möglich. So lässt sich etwa sagen, dass oszillierende Populationsbestände, also auch kurzzeitig abnehmende Populationen, nicht notwendigerweise eine Katastrophe ankündigen.

2.2 Logistisches Thunfischmodell mit Fang

Im gegebenen Problem ist nicht klar, wie komplex das Modell sein muss. Da jedoch nur relativ wenige Daten vorliegen, sollte auch ein einfaches Modell gewählt werden. Wir versuchen zunächst, grundsätzliche qualitative Aussagen zu machen, und gehen dabei von einem einfachen logistischen Wachstumsmodell aus.

$$\dot{T} = f(T) = rT - bT^2$$

mit $T(t)$ Thunfischbiomasse, Reproduktionsrate r und Behinderungfaktor b. Zu diesem Standardmodell kommt die Fangquote $Q(t)$ hinzu.

$$\dot{T} = r(T) - bT^2 - Q(t)$$

Der Mensch tritt hier nicht als klassischer Räuber auf, da sein Bestand von Thunfisch nicht abhängt und der Fang nicht durch zufälliges Zusammentreffen, sondern durch politische oder wirtschaftliche Entscheidungen bestimmt wird. Angestrebt wird langfristig eine optimale konstante Population. Die Population ohne Fang wird stationär für:

$$\dot{T} = f(T) = rT - bT^2 = 0 \Rightarrow T = 0 \text{ oder } \frac{r}{b} =: K \text{ Kapazität.}$$

Die Zuwachsrate hat bei

$$f'(T) = r - 2bT = 0 \Rightarrow T = \frac{r}{2b} = \frac{K}{2} =: T_m$$

einen Maximalwert von

$$f(T_m) = rT_m - bT_m^2 = r\frac{r}{2b} - b\frac{r^2}{4b^2} = \frac{r^2}{4b} =: Q_m.$$

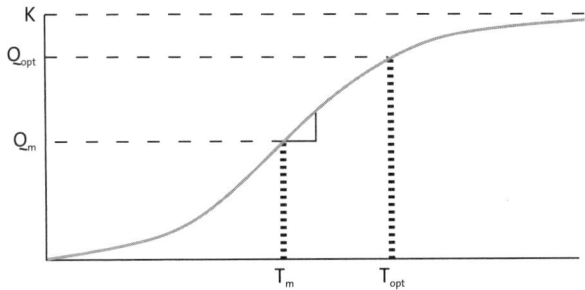

Abb. 2.2: Logistisches Wachstum ohne Fang

Befindet sich die Population genau an dieser Stelle, so kann pro Zeiteinheit die maximale Fangquote Q_m abgefischt werden, ohne dass die Population sinkt. Für $T \neq T_m$ gilt: $f'(T) < f'(T_m)$. Wird regelmäßig eine konstante Fangquote $Q > Q_m$ realisiert, so stirbt die Population aus. Für $Q < Q_m$ und $T \geq T_m$ pendelt sich die Population stabil auf einen Wert oberhalb von T_m ein. Ist T bereits zu klein, sodass $f(T) < Q$, so stirbt die Population auch im Falle $Q < Q_m$ aus.

Tatsächlich stirbt die Population nicht vollständig aus, sondern die Fischerei stoppt, sobald mit dem Fang nicht mal die laufenden Kosten (Personal und Energie) gedeckt werden können. In dieser Situation geht die gesamte Fischindustrie bankrott und der Thunfischfang leistet keinen Beitrag zur Welternährung mehr. Der Thunfisch als Art ist dann zwar stark reduziert, aber nicht notwendig vom Aussterben bedroht.

Die instabile Situation $T = T_m$, $Q = Q_m$ ist aber aus wirtschaftlicher Sicht gar nicht optimal. In der Nähe des Maximums von f ändert sich f nur wenig. Eine Erhöhung der Population auf $T > T_m$ erleichtert den Fang und senkt die notwendigen Kosten deutlich, während die langfristige Fangquote nur unwesentlich reduziert werden muss.

Eine maximale Population $T = K = 2\,T_m$ würde die Fangkosten minimieren. Wegen $f(K) = 0$ wäre dann aber kein Fang und auch kein Gewinn mehr möglich, ohne den Bestand wieder zu reduzieren.

2.2.1 Wirtschaftlichkeitsmodell des Thunfischfangs

Wir ergänzen das Populationsmodell um den Gesamtgewinn einer fiktiven weltumspannenden Fischereiflotte.

Wir gehen von einem konstanten Fischpreis P aus, der im relevanten Bereich weitgehend unabhängig ist vom Angebot. Wir nehmen durchschnittliche Fangkosten K für einen Fangtag (Boot auf See) an und gehen davon aus, dass Fischschwärme zufällig in den Bereich des Radar kommen, und daher der Fang umso erfolgreicher ist, je größer die Thunfischpopulation. Es gilt dann:

$$\dot{K} = c\frac{Q}{T}$$

mit $Q = Q(T) = rT - bT^2$ und für den Gewinn:

$$\dot{G} = PQ - c\frac{Q}{T}$$

$$\dot{G} = P(rT - bT^2) - c(r - bT) = -cr + (cb + rP)\,T - PbT^2.$$

$\dot{G}$ ist maximal für

$$cb + rP = 2PbT \Rightarrow T = \frac{cb + rP}{2Pb} =: T_{opt} = T_m + \frac{c}{2P} > T_m.$$

Es gilt dann:

$$\dot{G} = \frac{1}{2} \frac{cb + rP}{2Pb} - cr = \frac{1}{2} T_m - cr.$$

Diese Überlegungen gelten analog für jedes andere Wachstumsverhalten der Thunfischpopulation, vorausgesetzt, der Zuwachs ohne Fang $f(T)$ ist für kleine Populationen monoton wachsend und für große Populationen fallend mit einem Maximalwert bei $T = T_m$. Es gibt dann eine wirtschaftlich optimale Population $T_{opt} > T_m$ und eine zugehörige Fangquote $Q < Q_m$. Die Situation ist damit stabil gegen kleine Über- oder Unterschreitungen der Quote.

Es liegt also im wirtschaftlichen Interesse der Fischfangindustrie, dass Fangquoten festgelegt werden, die zu einer Populationserholung führen, sodass dann mit geringen Kosten viel Fisch gefangen werden kann. Ohne Regulation steuert das System zwangsläufig in den Bankrott der Fischfangindustrie.

Die wirtschaftlich optimale stationäre Population liegt deutlich unter der maximalen Population, aber (im Falle logistischen Wachstums) oberhalb der halben Maximalpopulation. Der Bestand ist dann also nie gefährdet. Die Fangmenge ist nur etwas geringer als maximal möglich, der Beitrag zur Welternährung also nahezu optimal.

2.2.2 Quantitative Studie mit realen Daten

Befriedigend ist das qualitative Ergebnis natürlich erst dann, wenn durch Identifikation der Parameter r und b die optimalen Fangquoten angegeben werden können. Nebenbei muss auch das Modell als Ganzes auf seine Plausibilität überprüft werden. Für den Gelbflossenthunfisch liefert eine Simulation und Parameteranpassung folgende Schätzungen für die unbekannten Größen:

Anfangspopulation im ersten Jahr:	719509 t
Reproduktionsrate:	$r = 0{,}392$
Behinderungsrate:	$b = 5{,}189 \cdot 10^{-7}$
Population/mittlerer Tagesfang:	$\alpha = 166536$

In Abbildung 2.3 wird die simulierte Population mit der Population verglichen, die sich aus dem Fangerfolg und dem geschätzten Parameter α vermuten lässt.

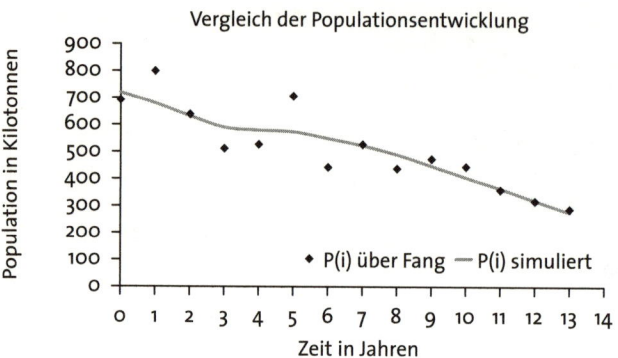

Abb. 2.3: Simulierte und vermutete Population

Äquivalent und leichter zu interpretieren ist Abbildung 2.4., bei der tatsächlich vorliegende Daten mit Simulationsergebnissen verglichen werden.

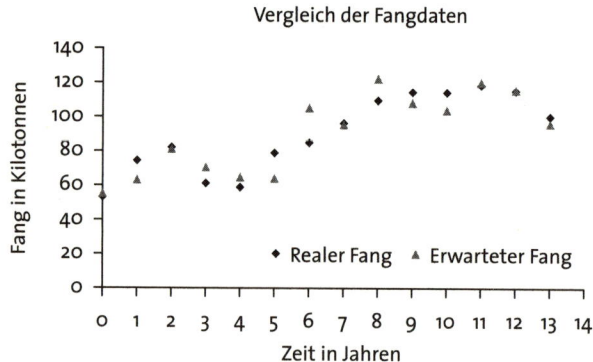

Abb. 2.4: Vergleich realer Fang und Simulation

Es ist erkennbar, dass die Ergebnisse mit einiger Unsicherheit behaftet sind. Die Übereinstimmung mit den frischeren Daten ist auch wesentlich besser.

Legt man dieses Modell zu Grunde, kann man die weitere Entwicklung ab dem 14. Jahr unter verschiedenen Annahmen weiterverfolgen.

Eine konstante Fangquote, die eine Erholung des Bestandes erlaubt und die Fischfangindustrie möglichst zügig in eine gute Gewinnzone bringt, liegt bei 37600 t pro Jahr, also bei etwa einem Drittel des letzten Jahres der Datenerhebung.

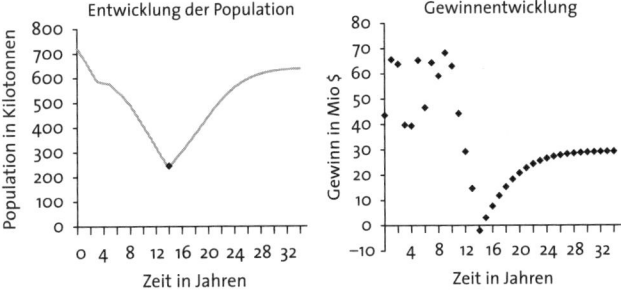

Abb. 2.5: Feste Quote Q = 37600 t ab T= 14

Bei festem Aufwand, etwa nur noch örtlicher Fischer, erholt sich der Bestand am nachhaltigsten, wenn nur an 15000 Fangtagen gefischt wird.

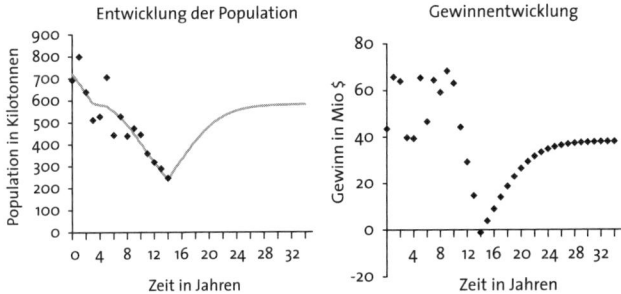

Abb. 2.6: Fester Aufwand 15000 SD ab T = 14

Bewertung: Die gemessenen Daten lassen sich zwar nur sehr grob durch Simulation rekonstruieren, da sie mit großen Streuungen behaftet sind. Ursache sind Unsicherheiten bei der Bestimmung der Effizienz einzelner Boote, unterschiedlich günstiges Fangwetter etc., aber natürlich auch systematische Fehler wie Änderung der Lebensbedingungen durch gleichzeitiges Abfischen der Beute des Thunfisches.

Bei nicht zu großen Änderungen der Modellparameter erhält man aber ähnliche Aussagen über die Höhe der optimalen Fangquoten. Somit lässt sich mit ziemlicher Sicherheit die Forderung begründen, im Interesse einer nachhaltig Gewinn bringenden Fischereiindustrie, die Fangquoten vorübergehend auf etwa ein Drittel zu senken.

3. Konstruktion eines Achterbahnloopings

Die Firma Vekoma ist einer der führenden Hersteller von Achterbahnen. Die Sensationslust zwingt die Schausteller, stets neue Bahnen mit Rekordlänge, Höhe und Geschwindigkeit aufzustellen. Um Kosten zu sparen, könnten Altanlagen durch einen vorgeschalteten Looping attraktiver gemacht werden.

Aufgabe   Die Anlage „Limit" im Heidepark (Inbetriebnahme 1999) hat eine maximale Höhe von 31 m und man erreicht maximal 80 km/h. Wie hoch müsste die neue Rampe sein, sodass nach Durchfahren eines Loopings die Geschwindigkeit ausreicht die bestehende Bahn zu durchfahren und wie wäre die Gleisführung des Loopings zu gestalten? Dabei darf die maximale Beschleunigung der Passagiere 4,5 g nicht überschreiten und die Passagiere sollen nicht aus den Sitzen fallen.

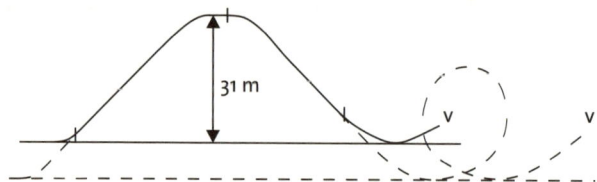

Die Idee ist also, die alte Rampe etwas zu erhöhen, sodass nach Durchfahren des Loopings wieder die gleiche Geschwindigkeit v erreicht wird wie vormals am Ende der Rampe und zu Beginn der ersten Attraktion. Es müssen dann nur die gestrichelt gezeichneten Teile neu gebaut werden.

Die Aufgabe kann in verschiedenen Schwierigkeitsgraden gelöst werden, wobei die Lösungen der vereinfachten Aufgaben stets gute Vorbereitungen für die eigentliche Aufgabe darstellen.

Daten: Luftwiderstandsbeiwert C_wA = 0,7 m², Masse m = 200 kg, Reibungskoeffizient μ = 0,01, Dichte der Luft ρ =1,2 kgm⁻³.

3.1 Vereinfachte Aufgabe ohne Reibung

Unter der Annahme, dass die Reibungsverluste während des ersten Teils der Strecke (Looping) sich nicht zu stark auswirkt, vernachlässigen wir diese und erhalten so Näherungen für die tatsächliche Bewegung. Der Vorteil dabei liegt darin, dass wir dann mit Energieerhaltungssätzen arbeiten können.

3.1.1 Kreisförmiger Looping

Wir wollen zunächst versuchen den Looping durch einen Kreis zu approximieren, da dies eine einfache, den Schülern gut bekannte Form ist.

Eine der nahe liegendsten Methoden, wie man einen Looping konzipieren könnte ist, zwei Tangenten an einen Kreis zu konstruieren, um so einen Übergang ohne Knick von der Rampe zum Looping und wieder heraus zu erhalten.

Aufgabe   Warum ist diese Form nicht gut geeignet?

Hier muss nachgefragt werden, wie sich eine solche Bahn für einen Passagier „anfühlt". Der besondere Thrill einer Achterbahn besteht ja gerade in den besonderen Beschleunigungskräften, denen man dort ausgesetzt ist. Wie steht es damit in diesem Fall? Beim Übergang Gerade-Kreis kommt es zu einem abrupten Lastwechsel. Dies belastet nicht nur die Passagiere, sondern auch die Gleisanlage und sollte vermieden werden.

Aus der Physik ist bekannt, dass die Zentrifugalkraft von Radius und Winkelgeschwindigkeit abhängt. Wie sieht es damit bei einem kreisförmigen Looping aus?

Wir haben eine vorgegebene Ausgangshöhe h (alte Anlage) und nehmen einen beliebigen Radius r an. Da wir fürs Erste den Energieverlust durch Reibung oder Luftwiderstand vernachlässigen wollen, geht keine Energie verloren, sodass die Summe der potentielle Energie E_{pot} und der kinetischen Energie E_{kin} konstant ist. Diese Energien lassen sich wie folgt berechnen:

$$E_{pot} = mgh \text{ (mit } m : \text{Masse; } g : \text{Erdbeschleunigung } 9{,}81\,\text{ms}^{-2}; h : \text{Höhe)}$$

$$E_{kin} = \frac{1}{2}mv^2 \text{ (mit } v : \text{Geschwindigkeit)}$$

Wir betrachten die Energieaufteilung an 3 markanten Punkten der Bahn:

	Höhe	Geschwindigkeit
A: Spitze der Rampe	h	0
B: Tiefpunkt des Loopings	0	v_1
C: Hochpunkt des Loopings	$2r$	v_2

mit

$$E_{ges}(A) = E_{pot}(A) + \underbrace{E_{kin}(A)}_{= 0} = mgh$$

$$E_{ges}(B) = \underbrace{E_{pot}(B)}_{= 0} + E_{kin}(B) = \frac{1}{2}mv_1^2$$

$$E_{ges}(C) = E_{pot}(C) + E_{kin}(C) = mg(2r) + \frac{1}{2}mv_2^2$$

und

$$E_{ges}(A) = E_{ges}(B) = E_{ges}(C)$$

$$\Leftrightarrow mgh = \frac{1}{2}mv_1^2 = mg2r + \frac{1}{2}mv_2^2$$

$$\Leftrightarrow gh = \frac{1}{2}v_1^2 = 2gr + \frac{1}{2}v_2^2 \qquad (3.1.1)$$

Beim Achterbahnfahren sollten zwei Bedingungen erfüllt sein:

- Die Zentrifugalkraft ($F_Z = \frac{mv^2}{r}$), die den Fahrgast nach außen drückt, muss im Hochpunkt des Loopings (C) mindestens so groß sein wie die Gewichtskraft, die nach unten zur Erde zieht, um zu verhindern, dass der Insasse aus dem Wagen fällt. D. h.:

$$\boxed{F_Z \geq F_G} \qquad (3.1.2)$$

Die Anpresskraft F_A an dieser Stelle (C) als Summe beider Kräfte beträgt also dann mindestens noch 0.

- Im Tiefpunkt des Loopings (B) darf eine Belastung von maximal 4,5facher Gewichtskraft wirken. D. h.:

$$\boxed{F_Z + F_G \leq 4,5\,F_G} \qquad (3.1.3)$$

Hier ziehen sowohl F_Z als auch F_G nach unten, sodass ihre Summe nicht größer als das 4,5fache der Gewichtskraft werden darf.

Mit Bedingung (3.1.1) gilt:

$$F_Z(C) \geq F_G(C) \Leftrightarrow \frac{mv_2^2}{r} \geq mg \Leftrightarrow v_2^2 \geq rg$$

Nach Einsetzen in (3.1.1) gilt dann:

$$gh = \frac{1}{2}v_1^2 = 2gr + \frac{1}{2}v_2^2 \geq 2gr + \frac{1}{2}rg = \frac{5}{2}rg \Leftrightarrow h \geq \frac{5}{2}r$$

$$\Rightarrow \frac{1}{2}v_1^2 \geq \frac{5}{2}rg \Rightarrow v_1 \geq \sqrt{5rg}$$

Dies ergibt im Punkt B:

$$F_G(B) + F_Z(B) = mg + \frac{mv_1^2}{r} = 6mg = 6F_G > 4,5F_G,$$

was zu einem Widerspruch zur Bedingung (3.1.3) führt. Entweder ist der Anpressdruck am Tiefpunkt zu groß oder die Passagiere fallen am Hochpunkt aus den Sitzen. Also geht es mit einem Kreis nicht. Dies gilt unabhängig vom Radius für alle Kreisbögen.

3.1.2 Approximation allgemeiner Kurven mit Geradenstückchen

Um ein unnötig kompliziertes Bahnmodell zu vermeiden, kann die folgende Überlegung helfen.

Eine fertig konzipierte Bahn muss hinterher realisiert werden. Dabei werden Gleisstücke von Standardlänge zusammengesetzt. Die Teilstücke werden eventuell noch etwas gebogen, bei kurzen Stücken kann man die Bahn jedoch mit guter Näherung durch Geradenstückchen approximieren.

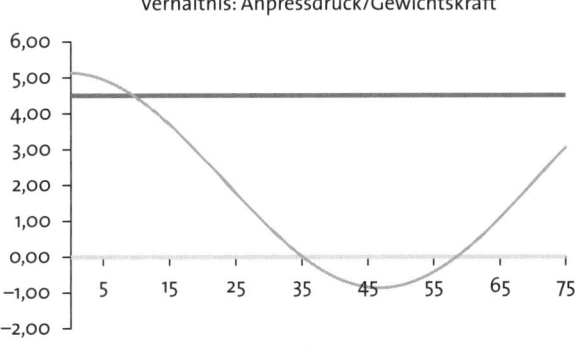

Abb. 3.1: Anpressdruck bei kreisförmigem Looping (Umfang 90 m) ohne Reibung

Schüler neigen oft dazu, gekrümmte Bahnen durch Kreisbögen zu approximieren, weil sie diese in der Schule kennen gelernt haben und damit natürlich eine bessere Approximation erzielt werden kann. Dies ist dennoch eine Sackgasse. Die Behandlung von Kreisstücken ist ungleich komplizierter als die von Geradenstückchen und die geringere Approximationsgüte von Geraden lässt sich leicht durch eine größere Zahl von Teilstücken ausgleichen. Die dadurch anfallende Mehrarbeit leistet dann der Computer.

Wir nehmen an, die Bahn sei aus Gleisstücken der Länge s zusammengesetzt. Die Ansetzpunkte zwischen zwei Gleisstücken nennen wir Knoten und wählen an jedem dieser Knoten einen Winkel α_k, der die Richtungsänderung an Knoten k angibt. Diese Wahl der Winkel α_k wird durch die Nebenbedingung $0 \le F_A \le 4,5$ beschränkt.

Wählt man für alle k: $\alpha_k = \alpha$, erhält man eine Annäherung des uns schon bekannten Kreis.

Bestimmung der Koordinaten in Knoten k

Ohne Einschränkung legen wir den Koordinatenursprung in den ersten Knoten $P_1 : \Rightarrow x_1 = 0, y_1 = 0$.

Der Winkel des k-ten Geradenstückes $\overline{P_kP_{k+1}}$ mit der x-Achse sei β_k, der Winkel zwischen der Fortsetzung von $\overline{P_{k-1}P_k}$ und $\overline{P_kP_{k+1}}$ sei α_k.

Dann berechnen sich die Koordinaten von P_k rekursiv gemäß:

$$\alpha_0 = \beta_0 = 0$$

$$\beta_k = \beta_{k-1} + \alpha_k$$

$$x_{k+1} = x_k + s \cos \beta_k$$

$$y_{k+1} = y_k + s \sin \beta_k$$

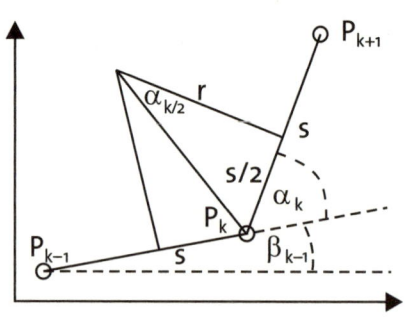

Abb. 3.2: Knotenkoordinaten

Berechnung des Anpressdrucks

Er berechnet sich aus der Zentrifugalkraft und der Normalkomponente der Gewichtskraft.

a) Auf einer Kreisbahn gilt für die **Zentrifugalkraft**: $F_Z = \dfrac{mv^2}{r}$.

Da wir im Allgemeinen nicht von einem Kreis ausgehen wollen, brauchen wir zur Berechnung der Zentrifugalkraft den Radius eines „Schmiegkreises" an unsere durch einen Polygonzug approximierte Bahn. Wir verwenden Kreissegmente, die jeweils zwei benachbarte Geradenstückchen in der Mitte tangential berühren.

Es gilt dann:

$$\tan\left(\frac{\alpha_k}{2}\right) = \frac{\frac{s}{2}}{r_k} \Rightarrow r_k = \frac{s}{2}\cot\left(\frac{\alpha_k}{2}\right)$$

Die Geschwindigkeit berechnet man bei Vernachlässigung der Reibung aus der Höhe bzw. der y-Koordinate von P_k.

Wir kennen die maximale Gesamtenergie zu Beginn, nämlich $E_{ges} = gm31[m] = 60822[\text{kg}\frac{m^2}{s^2}]$. Da sich in jedem Knoten die potentielle Energie durch $E_{pot} = mgh = gmy_k$ berechnen lässt, lässt sich daraus die kinetische Energie als Differenz von E_{ges} und E_{pot} bestimmen. Nach Auflösen der Formel

$$E_{kin} = \frac{1}{2}mv^2$$

erhält man schließlich die gewünschte Geschwindigkeit:

$$v = \sqrt{\frac{2E_{kin}}{m}}$$

b) **Normalenkomponente der Gewichtskraft**

Die Gewichtskraft F_G lässt sich zerlegen in eine Tangentialkomponente F_T, deren Richtung tangential zur Bahn zeigt und eine dazu senkrecht gerichtete Normalenkomponente F_N, die also senkrecht auf die Bahn „drückt".

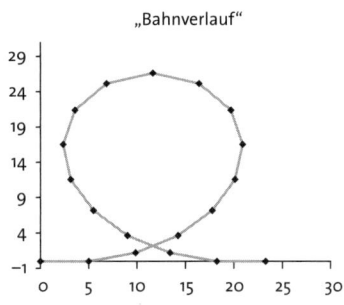

„Bahnverlauf"

Abb. 3.3: Bahnverlauf ohne Reibung

Dabei gilt im Teilstück k:

$$F_T = F_G \cdot \sin(\beta_k) \qquad\qquad (3.1.4)$$

$$F_N = F_G \cdot \cos(\beta_k) \qquad\qquad (3.1.5)$$

Zusammen mit der Zentrifugalkraft ergibt sich aus der Normalkraft die Anpresskraft F_A:

$$F_A = F_Z + F_N,$$

wobei F_Z bei konvexer Bahn stets positiv ist und F_N durch den Sinus in der Berechnung sowohl positive ($0° \leq \beta_k \leq 180°$) als auch negative ($180° \leq \beta_k \leq 360°$) Werte annehmen kann. Das bedeutet, dass im Tiefpunkt der Bahn immer der Anpressdruck am stärksten und im Hochpunkt immer am geringsten ist, dabei muss die Bedingung:

$$\boxed{0 \cdot F_G \leq F_A \leq 4,5 \cdot F_G}$$

eingehalten werden.

Reduziert man daher α_k in den Bereichen des kreisförmigen Loopings, wo die Beschränkung $F_N < 4,5\, F_G$ verletzt ist, und vergrößert man ihn, wo $F_N < 0$, so erhält man etwa folgenden Bahnverlauf.

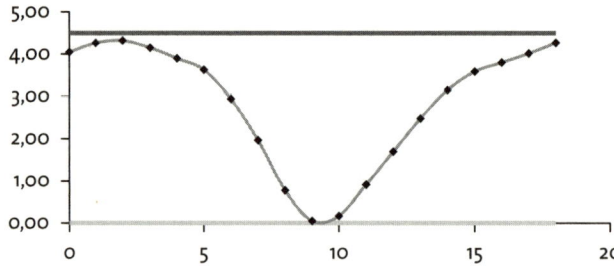

Verhältnis: Anpressdruck/Gewichtskraft

Abb. 3.4: Anpressdruck ohne Reibung

3.2 Berücksichtigung von Reibung und Luftwiderstand

Hierbei ändert sich im Grunde nur die Berechnung der Geschwindigkeit, da wir von keiner konstanten Summe aus E_{pot} und E_{kin} ausgehen können, sondern die Gesamtenergie durch den Energieverlust von Reibung und Luftwiderstand immer geringer wird.

Nehmen wir an, wir hätten im Knoten k eine Geschwindigkeit v_k gegeben, dann berechnen wir daraus die angreifenden Kräfte und damit die Beschleunigung bzw. die Zunahme der Geschwindigkeit.

Zwischen den Knoten k und $k+1$ wird die Strecke des Gleisstücks s in der Zeit Δt_k zurückgelegt, sodass gilt:

$$\Delta t_k \approx \frac{s}{v_k}. \tag{3.2.6}$$

Die Kraft, die Wagen vorwärts bringt, ist die Tangentialkomponente der Gewichtskraft. Diese ist durch den verwendeten Cosinus im Bereich $90° \leq \beta_k \leq 270°$ negativ und im Bereich $-90° \leq \beta_k \leq 90°$ positiv. Dieser Kraft wirken Reibung und Luftwiderstand entgegen, sodass diese verringert wird:

$$F = -F_T - F_R - F_L.$$

Mit dem 2. Newton'schen Gesetz

$$\boxed{F = m \cdot a}$$

gilt für die Beschleunigung im Knoten k:

$$a_k = \frac{-(F_T)_k - (F_R)_k - (F_L)_k}{m}$$

mit $(F_T)_k$, $(F_R)_k$ und $(F_L)_k$ als Kräfte am Knoten k,

Reibung: $\qquad F_R = \mu \cdot F_N = 0,01 \cdot F_N$

Luftwiderstand: $F_L = \frac{1}{2} \cdot C_w A \cdot \rho_{Luft} \cdot v^2 = \frac{1}{2} 0,7 \cdot 1,2 \cdot v^2$

Für die Geschwindigkeit im Knoten $k+1$ gilt also mit (3.2.6), (3.1.5) und (3.1.4)

$$v_{k+1} = v_k + \Delta t_k \cdot a_k$$

$$= v_k + \frac{s}{v_k} \cdot a_k$$

Daraus lässt sich, wie oben, die Zentrifugalkraft und damit auch der Anpressdruck berechnen. Die übrigen Rechnung folgen analog dem Fall ohne Reibungsverlust und Luftwiderstand.

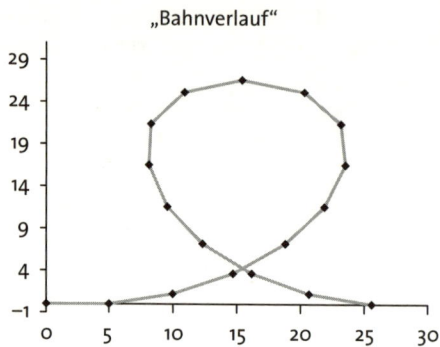

Abb. 3.5: Bahnverlauf mit Reibung

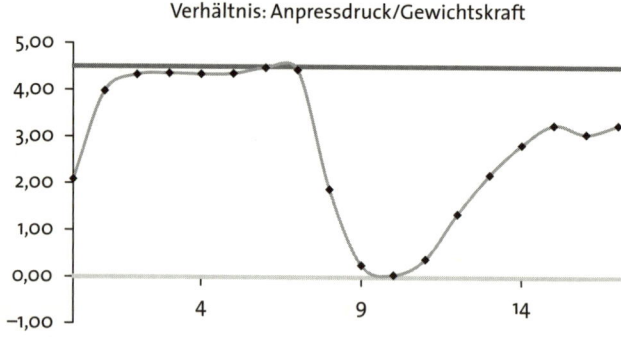

Abb. 3.6: Anpressdruck mit Reibung

4. Furfuralsynthese

Furfural (früher Furfurol) oder Furyl-(2)aldehyd ist ein farbloses flüchtiges Öl. Es dient u. a. zur Reinigung tierischer und pflanzlicher Öle, zur Konzentrierung von Vitamin A aus Fischleberölen, zur Herstellung von Kunstharzen und als Ausgangsstoff für Chemiefaserstoffe.

Bei der Gewinnung aus Xylose (Holz) bei etwa 150 °C und einem Gewichtsprozent Salzsäure nach der Bruttoreaktion

$$\text{Xylose} \rightarrow \text{Furfural} + 3H_2O$$

beobachtet man über einen Zeitraum von 300 Minuten für 3 verschiedene Anfangskonzentrationen des Ausgangsstoffes die dargestellten Konzentrationsverläufe von Xylose und Furfural in mol/l.

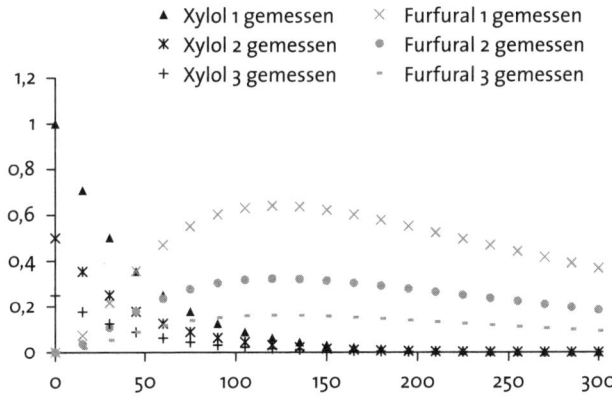

Um die Ausbeute ohne aufwendige Versuchsreihen auch für andere Anfangskonzentrationen vorhersagen und dann durch geeignete Wahl der Konzentration optimieren zu können, ist der Reaktionsmechanismus so weit wie möglich aufzuklären.

Im vorliegenden Fall stehen außer der Bruttoreaktion 6 weitere Reaktionen zur Diskussion:

- R1: $Xylose \xrightarrow{k1} Furfural + 3H_2O$
- R2: $Furfural \xrightarrow{k2} Harz$
- R3: $Xylose \xrightarrow{k3} Zwischenprodukt$
- R4: $Zwischenprodukt \xrightarrow{k4} Xylose$

- $R5$:   *Zwischenprodukt* $\overset{k5}{\to}$ *Furfural*
- $R6$:   *Zwischenprodukt* + *Furfural* $\overset{k6}{\to}$ *Kondensat*
- $R7$:   *Xylose* + *Furfural* $\overset{k7}{\to}$ *Kondensat*

Gegeben sind außerdem die folgenden Messdaten:

t	Xylose	Furfural	t	Xylose	Furfural	t	Xylose	Furfural
0.0	1.00e+00	0.00e+00	0.0	5.00e-01	0.00e+00	0.0	2.50e-01	0.00e+00
15.0	7.08e-01	7.43e-02	15.0	3.54e-01	3.71e-02	15.0	1.77e-01	1.86e-02
30.0	5.02e-01	2.16e-01	30.0	2.51e-01	1.08e-01	30.0	1.25e-01	5.40e-02
45.0	3.55e-01	3.56e-01	45.0	1.78e-01	1.79e-01	45.0	8.88e-02	8.94e-02
60.0	2.52e-01	4.70e-01	60.0	1.26e-01	2.36e-01	60.0	6.29e-02	1.18e-01
75.0	1.78e-01	5.51e-01	75.0	8.91e-02	2.77e-01	75.0	4.45e-02	1.39e-01
90.0	1.26e-01	6.03e-01	90.0	6.31e-02	3.04e-01	90.0	3.15e-02	1.52e-01
105.0	8.93e-02	6.31e-01	105.0	4.47e-02	3.18e-01	105.0	2.23e-02	1.60e-01
120.0	6.33e-02	6.40e-01	120.0	3.16e-02	3.23e-01	120.0	1.58e-02	1.62e-01
135.0	4.48e-02	6.36e-01	135.0	2.24e-02	3.21e-01	135.0	1.12e-02	1.61e-01
150.0	3.17e-02	6.22e-01	150.0	1.58e-02	3.14e-01	150.0	7.92e-03	1.58e-01
165.0	2.25e-02	6.02e-01	165.0	1.12e-02	3.04e-01	165.0	5.60e-03	1.53e-01
180.0	1.59e-02	5.78e-01	180.0	7.94e-03	2.92e-01	180.0	3.97e-03	1.47e-01
195.0	1.13e-02	5.52e-01	195.0	5.62e-03	2.79e-01	195.0	2.81e-03	1.40e-01
210.0	7.97e-03	5.24e-01	210.0	3.98e-03	2.65e-01	210.0	1.99e-03	1.33e-01
225.0	5.64e-03	4.96e-01	225.0	2.82e-03	2.51e-01	225.0	1.40e-03	1.26e-01
240.0	3.99e-03	4.69e-01	240.0	1.99e-03	2.37e-01	240.0	9.93e-04	1.19e-01
255.0	2.83e-03	4.42e-01	255.0	1.41e-03	2.24e-01	255.0	7.02e-04	1.12e-01
270.0	2.00e-03	4.16e-01	270.0	9.96e-04	2.10e-01	270.0	4.96e-04	1.06e-01
285.0	1.41e-03	3.91e-01	285.0	7.04e-04	1.98e-01	285.0	3.50e-04	9.96e-02
300.0	9.98e-04	3.68e-01	300.0	4.96e-04	1.86e-01	300.0	2.47e-04	9.36e-02

Weitere wichtige Parameter:

	Furfural	Xylose
Preis	1400 €/t	500 €/t
Dichte	1,1598	
Summenformel	$C_5H_4O_2$	$C_5H_{10}O_5$
Molgewichte	H: 1,00797	C: 12,01
	O: 15,999	

Aufgabe   Bevor Prozessabläufe optimiert werden können, muss man zunächst eine genaue Vorstellung von dem Prozess besitzen, hier also vom Reaktionsmechanismus.

Die Aufgabenstellung ist deshalb besonders interessant, weil sie drei Bereiche verbindet: Mathematik, Chemie und Betriebswirtschaft. Das Problem ist aber im Wesentlichen allein durch mathematische Techniken lösbar. Ein paar chemische Hintergrundinformationen sollten jedoch gegeben werden. Diese erhält der Mathematiker in der Regel von seinem interdisziplinären Kooperationspartner bzw. von dem Anwender, der ihn um Rat fragt.

4.1 Modell der Reaktionskinetik

Reaktionen können nur ablaufen, wenn alle Reaktionspartner zur Stelle sind. In wässriger Lösung hängt die Reaktionsgeschwindigkeit daher von der Wahrscheinlichkeit ab, dass alle Reaktionspartner zur gleichen Zeit am selben Ort sind und ist daher proportional zum Produkt der Konzentrationen der Edukte (hier durch eckige Klammern gekennzeichnet).

Für die obigen 7 Reaktionen berechnen sich die Reaktionsgeschwindigkeiten daher gemäß:

- $v_1 = k_1 \, [Xylose]$
- $v_2 = k_2 \, [Furfural]$
- $v_3 = k_3 \, [Xylose]$
- $v_4 = k_4 \, [Zwischenprodukt]$
- $v_5 = k_5 \, [Zwischenprodukt]$
- $v_6 = k_6 \, [Zwischenprodukt] \, [Furfural]$
- $v_7 = k_7 \, [Xylose] \, [Furfural]$

Dies ist den Schülern im Prinzip bekannt, sobald im Chemieunterricht das Massenwirkungsgesetz behandelt wurde.

Bei Ablauf einer Reaktion werden die Edukte verbraucht und die Produkte erzeugt. Die zeitliche Änderung eines Stoffes hängt daher von allen Reaktionen ab, durch die er verbraucht oder erzeugt wird.

$$\frac{\mathrm{d}}{\mathrm{d}t}[Xylose] = -v_1 - v_3 + v_4 - v_7$$

$$\frac{\mathrm{d}}{\mathrm{d}t}[Furfural] = v_1 - v_2 + v_5 - v_6 - v_7$$

$$\frac{\mathrm{d}}{\mathrm{d}t}[Zwischenprodukt] = v_3 - v_4 - v_5 - v_6$$

$$\frac{\mathrm{d}}{\mathrm{d}t}[Kondensat] = v_6 + v_7$$

$$\frac{\mathrm{d}}{\mathrm{d}t}[Harz] = v_2$$

Die Konzentration des Wassers ändert sich kaum und spielt daher in der Simulation keine Rolle. Im Gleichgewicht sind alle Ableitungen gleich null. Im Chemieunterricht wird oft nur dieser Fall behandelt.

4.2 Simulation

Da Messungen für die Konzentrationsverläufe von Xylose und Furfural vorliegen, kann man diese mit theoretischen Verläufen vergleichen, die man bei Gültigkeit des angenommenen Modells erhalten sollte. Dazu ist also der zeitliche Verlauf von Xylose und Furfural zu simulieren. Dies geht wegen der wechselseitigen Abhängigkeiten nur, wenn gleichzeitig auch die anderen Zustandsgrößen berechnet werden. Dieses System nichtlinearer Differentialgleichungen ist analytisch nicht zu lösen.

Für kurze Zeiträume dt gilt aber etwa für Xylose (vgl. Kap. 1.3):

$$[Xylose]\,(t + dt) = [Xylose]\,(t) + \Delta t\,[-v_1 - v_3 + v_4 - v_7].$$

Analog berechnet man für hinreichend kleines $\Delta t \approx 0{,}2\,s$ und z. B. 1500 Rekursionsschritte die Zustandsgrößen zur Zeit $t_{i+1} = t_i + dt$ gemäß:

$$Xyl_{i+1} = Xyl_i + dt * (-(v_1)_i - (v_3)_i + (v_4)_i - (v_7)_i)$$

$$Fur_{i+1} = Fur_i + dt * ((v_1)_i - (v_2)_i + (v_5)_i - (v_6)_i - (v_7)_i)$$

$$Zw_{i+1} = Zw_i + dt * ((v_3)_i - (v_4)_i - (v_5)_i - (v_6)_i)$$

$$Kon_{i+1} = Kon_i + dt * ((v_6)_i + (v_7)_i)$$

$$Harz_{i+1} = Harz_i + dt * (v_2)_i$$

Die Resultate hängen dann natürlich entscheidend von der Wahl der Parameter k_i ab. Dabei versucht man, durch geeignete Wahl der Parameter k_i den gemessenen Konzentrationsverlauf möglichst gut zu reproduzieren.

Parameteroptimierung

Trägt man sowohl die Messwerte als auch die simulierten Verläufe in eine Graphik ein, so kann man mit bloßem Auge schon sehr gut beurteilen, welche Parameteränderungen das Ergebnis verbessern. Besonders bequem geht dies in Excel, wenn alle kinetischen Konstanten durch Schieberegler variiert werden können (vgl. Kap. 1.1).

Wichtig ist hierbei, dass der Bildausschnitt fest gewählt wird (bis 300 min auf der x-Achse und 0–1 auf der y-Achse). So ist leicht zu überprüfen, ob die Schrittweite klein genug gewählt ist. Dies ist der Fall, wenn durch eine Vergrößerung des Wertes dt nur eine Verlängerung der Kurve erkennbar ist, sie sich aber im schon beobachteten Verlauf nicht mehr ändert.

Um herauszufinden, ob und zu welchem Anteil die Reaktionen R1 bis R7 zur Gesamtreaktion beitragen, kann man nun durch Veränderung der Parameter k_1 bis k_7 anhand des Diagramms überprüfen, bei welchen Werten die gemessenen Daten am besten wiedergegeben werden. Wir wählen dazu zunächst eine Xylose-Konzentration von 1 mol/l.

Die einfachste Reaktion wäre natürlich *Xylose → Furfural* ohne die Beteiligung anderer Stoffe. Man setzt also alle k_i auf 0 und verändert nun die Bildlaufleiste ‚k_1'. Dabei ist zu beobachten, dass man die Messwerte der Xylose-Konzentration sehr genau erreichen kann (k_1 = 0,0235), die Furfuralkurve allerdings weit von den Messwerten entfernt ist:

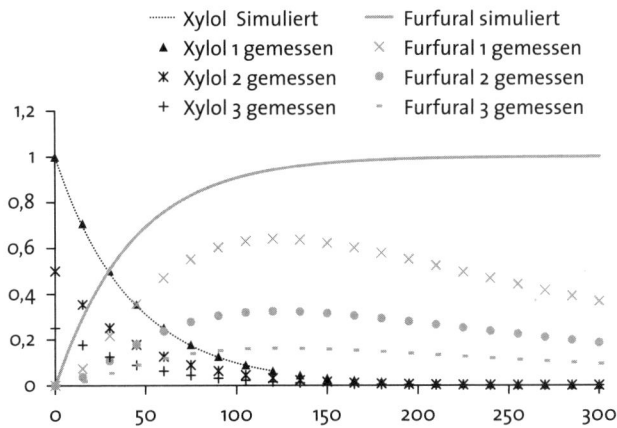

Abb. 4.1: Simulationsergebnis mit k = (0,0235; 0; 0; 0; 0; 0; 0)

Diese Reaktion alleine bringt also nicht die gewünschten Ergebnisse.

Bei der Furfuralkurve ist zu erkennen, dass sie nicht kontinuierlich ansteigt und auch keinen Sättigungszustand aufweist, sondern nach dem Erreichen eines Maximums wieder fällt. Diese Tatsache deutet darauf hin, dass das Furfural zu einem anderen Stoff weiterreagiert: es verharzt. Eine Veränderung der Bildlaufleiste k_2 (*Reaktion: Furfural → Harz*) sollte also eine Verbesserung bieten (s. Abb. 4.2).

Nun ist deutlich zu erkennen, dass die Messwerte der Furfuralkonzentration zwar in der zweiten Hälfte der Reaktionszeit sehr gut getroffen werden, in der ersten Hälfte liegen jedoch deutliche Abweichungen vor. Betrachtet man die Kurve, die die gemessenen Furfuralwerte verbindet, erkennt man, dass diese zunächst sehr flach ansteigt, dann einen Wendepunkt aufweist und danach eine viel größere Steigung hat. Aus einem Kurvenverlauf dieser Art lässt sich schließen, dass die Xylose zunächst zu einem Zwischenprodukt reagiert und dieses dann erst in Furfural umgewandelt wird. Dadurch entsteht eine leichte Verzögerung der Furfuralbildung zu Beginn der Reaktionszeit; der Wendepunkt ist typisch für eine solche Reaktion. Das Entstehen eines Zwischenprodukts, das dann zu

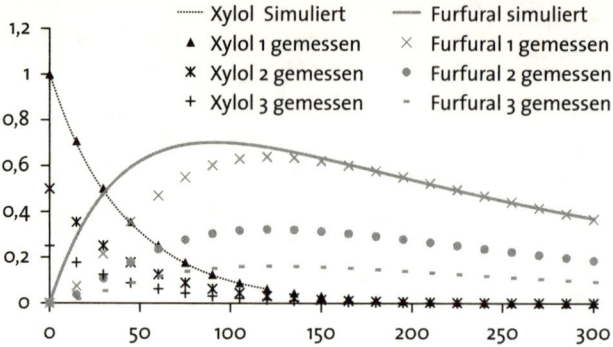

Abb. 4.2: Simulationsergebnis mit k = (0,0235; 0,0039; 0; 0; 0; 0; 0)

Furfural reagiert und welches man sich als energiereiche, aktivierte Xylose vorstellen kann, lässt sich mit Hilfe von k_3 und k_5 simulieren.

Es ergibt sich folgendes Diagramm (Achtung: k_1 wieder auf 0 setzen!):

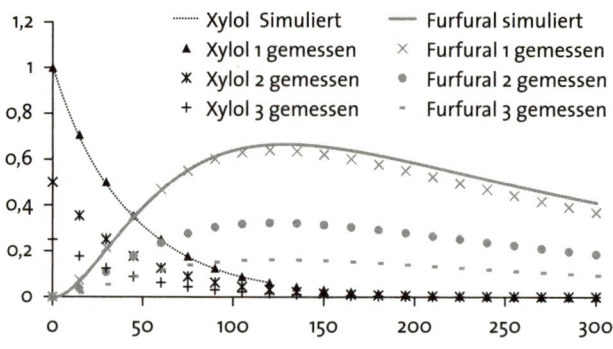

Abb. 4.3: Simulationsergebnis mit k = (0; 0,0039; 0,0235; 0; 0,036; 0; 0)

Das langsame Ansteigen der Furfuralkurve ist nun auch in der Simulation zu erkennen, doch treten im weiteren Verlauf immer noch systematische Abweichungen auf.

Die simulierte Kurve der Furfuralkonzentration liegt über den gemessenen Werten, was ein Hinweis darauf ist, dass das Furfural in einer weiteren Reaktion verbraucht wird. Also probiert man nun aus, was passiert, wenn man die Konstante k_6, und damit die Reaktion *Zwischenprodukt + Furfural → Kondensat*, mitberücksichtigt (s. Abb. 4.4).

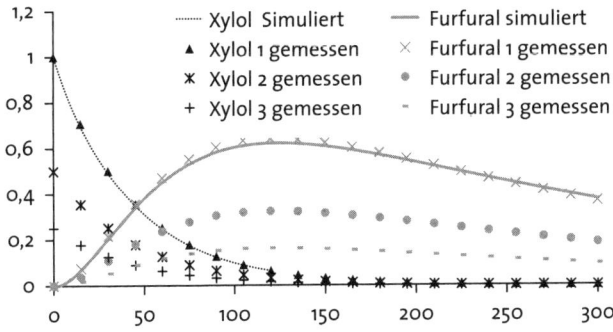

Abb. 4.4: Simulationsergebnis mit k = (0; 0,0039; 0,0235; 0; 0,036; 0,0036; 0)

Die simulierte Kurve ist nun schon sehr nah an den beobachteten Werten, es sind jedoch in Teilintervallen immer noch systematische Fehler zu erkennen (Abweichung nach unten um das Maximum herum, Abweichung nach oben gegen Ende). Trotzdem scheint das Modell schon relativ gut. Kleine Veränderungen der Parameter bestätigen dies: Setzt man k_2 etwas herauf auf 0,0043 und gleicht man dies mit dem Herabsetzen von k_6 auf 0,0012 aus, so erhält man eine zufriedenstellende graphische Lösung (s. Abb. 4.5).

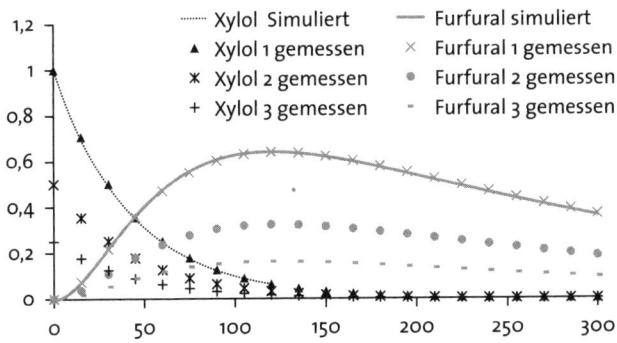

Abb. 4.5: Simulationsergebnis mit k = (0; 0,0043; 0,0235; 0; 0,04; 0,0012; 0)

Anschließend sollte man überprüfen, ob die gefundenen k_i auch für andere Anfangskonzentrationen der Xylose eine befriedigende Lösung darstellen.

Optisch ist aber auch hier eine sehr genaue Wiedergabe der Messdaten mit den gefunden k_i erreicht.

Das mit Hilfe der Daten der ersten Testreihe gefundene Modell reproduziert also nicht nur die zur Anpassung verwendeten Messwerte sehr genau, sondern auch die beiden anderen Messreihen. Wären diese Messdaten erst später erhoben worden, hätten wir das Ergebnis also gut prognostizieren können. Auch wenn der exakte Reaktionsmechanismus im Detail also vielleicht noch nicht ganz korrekt ist, kann man aber Vertrauen haben, dass man den Konzentrationsverlauf von Xylose und Furfural auch für andere Anfangskonzentrationen von Xylose gut wird vorhersagen können.

Optimierung der Ausbeute

Anhand des nun vorliegenden Models kann man Überlegungen darüber anstellen, welche Anfangskonzentration der Xylose und welche Reaktionsdauer am profitabelsten sind.

Um den erwarteten Gewinn zu berechnen, sind folgende Zusatzinformationen gegeben (siehe Tabelle S. 46):

- Die Preise von Furfural und Xylose pro Tonne in Euro.
- Die Summenformeln der beiden Stoffe und die Atomgewichte der einzelnen Elemente.

An diesen Angaben ist zu erkennen, dass eine Tonne Xylose weniger Moleküle enthält als eine Tonne Furfural. Das Molekulargewicht von Xylose beträgt 150,1297 g, das eines von Furfural 96,08488 g. Selbst bei 100%iger Ausbeute erhält man aus einer Tonne Xylose also nur 0,64 Tonnen Furfural.

Der Gewinn berechnet sich nun so:

Gewinn = −Kapazität der Anlage [l] · Anfangsmenge Xylose [mol/l] · 150,1297 [g/mol] · Preis Xylose [Euro/g] + 0,64 · Kapazität der Anlage [l] · Ertrag Furfural [mol/l] · 96,08488 [g/mol] · Preis Furfural [Euro/g] − Anlagenkosten [Euro/min] · Simulationszeit [min]

Dabei sind die Anlagenkosten nicht bekannt. Je nach Kosten der Anlage kann es sinnvoll sein, eine maximale Ausbeute abzuwarten (Anlage sehr billig), den Prozess abzubrechen, sobald der Zuwachs an Ausbeute nur noch gering ist im Vergleich zu den Anlagekosten (Anlage teuer) oder den Prozess gar nicht erst zu starten (Anlage zu teuer), da kein Gewinn möglich ist.

Bei einer Simulation mit Excel mit einer festen Zahl von Schritten, variiert man den Endpunkt der Simulation am einfachsten, indem man die Zeitschrittweite dt variiert. Aus der dann erreichten Ausbeute an ungereinigtem Furfural der eingesetzten Xylose und der Prozessdauer errechnet sich dann der Gewinn. Durch Anpassen von dt, sodass ein möglichst hoher Gewinn erzielt wird, ist zu erkennen, dass dieser Zeitpunkt kurz vor dem Maximum der Furfuralkurve erreicht wird. Ab hier übersteigen die Anlagenkosten den Gewinn.

Auch durch Variation der Anfangskonzentration von Xylose lässt sich etwas gewinnen. Die Anlagenkosten fallen bei steigender Konzentration immer weniger ins Gewicht, jedoch kommt es dann überproportional zu steigender Kondensation. Die beste Anfangskonzentration liegt bei etwa 5 mol/l. Dabei muss sichergestellt sein, ob das Modell hier noch gültig ist. Der tatsächliche Produktionsvorgang geschieht natürlich anders. Realistischer ist die Annahme eines Durchfluss- oder Rührkesselreaktors, dem ständig ein Teil des Gemisches entnommen wird. Diesem Gemisch wird durch Trennverfahren das Furfural und die Xylose entzogen. Das Furfural gelangt dann zur Endreinigung während die Xylose dem Prozess wieder zugeführt wird.

Hier stellt sich dann ein neues Problem. In welchem Zustand muss der Prozess gefahren werden, damit eine hohe Ausbeute erzielt wird?

Literatur
M. BAERNS, H. HOFMANN, A. RENKEN: *Chemische Reaktionstechnik*, 3. Aufl., Thieme 1999, S. 211.

4.3 Vereinfachungen

Konzentriert man sich aber nur auf die Abnahme der Xylose, so hat man es mit einer Reaktion erster Ordnung zu tun, bei der die Xylosekonzentration der Differentialgleichung $\dot{X} = \lambda X$ genügt. Diese Differentialgleichung wird in der Schule im Chemie-, Biologie- und Physikunterricht behandelt und kann auch zur Einführung der Exponentialfunktion verwendet werden. Die analytische Lösung $X(t) = X(0)e^{\lambda t}$ fällt dabei etwas vom Himmel und lässt sich nur a posteriori verifizieren.

Aufgabe Simulieren Sie die Differentialgleichung $\dot{X} = \lambda X$ mit dem Euler-Verfahren und bestimmen Sie λ passend zu den Xylose-Messdaten.

5. Tauchgangplanung

5.1 Einleitung

Austauchtabelle DECO 2000

Stopp in 6 / 3 m

12 — 140'

	6	3 m	
36			D
54			E
72			F
90			G
108			G

15 — 72'

	6	3 m	
24			D
36			E
48			E
60			F
72			G
84		4	G

18 — 45'

	6	3 m	
15			C
25			D
35			E
45			F
55		4	F
65		8	G
75		14	G

21 — 31'

	6	3 m	
11			C
16			D
21			D
26			E
31			E
36		2	F
41		5	F
46		7	G
51		10	G
56		13	G
61		17	G

24 — 23'

	6	3 m	
7			B
11			C
15			D
19			D
23			E
27		2	E
31		4	F
35		7	F
39		9	F
43	1	12	G
47	2	14	G
51	3	17	G
55	5	19	G

Stopp in 9 / 6 / 3 m

27 — 18'

	9	6	3 m	
6				B
10				C
14				D
18				E
22			2	E
26			5	F
30			8	F
34		2	10	F
38		3	13	G
42		5	15	G
46		7	18	G
50		9	21	G

30 — 15'

	9	6	3 m	
6				B
9				C
12				D
15				D
18			2	E
21			4	E
24		1	6	F
27		2	8	F
30		3	10	F
33		5	12	G
36		6	15	G
39	1	7	17	G
42	1	9	19	G

33 — 12'

	9	6	3 m	
6				C
9				D
12				D
15			2	E
18			5	E
21		1	7	F
24		3	8	F
27		5	10	F
30	1	5	13	G
33	2	7	15	G
36	3	8	18	G

36 — 10'

	9	6	3 m	
6				C
10				D
14			3	E
18		2	5	F
21		3	8	F
24	1	4	11	F
27	2	6	13	G
30	3	7	16	G
33	4	9	19	G

Stopp in 12 / 9 / 6 / 3 m

39 — 9'

	12	9	6	3 m	
6					C
9					D
12				3	E
15			1	5	E
18			3	7	F
21		1	5	9	F
24		3	5	13	G
27		4	7	16	G

42 — 7'

	12	9	6	3 m	
4					C
7					D
10				2	E
13			1	5	E
16			4	6	F
19		2	4	10	F
22		3	6	13	G
25	1	4	8	16	G

45 — 6'

	12	9	6	3 m	
6					D
8				1	D
10				3	E
12			2	4	E
14		1	3	6	F
16		2	3	9	F
18		3	5	10	G
20	1	3	6	13	G
22	2	4	7	15	G

48 — 5'

	12	9	6	3 m	
5					C
7				1	D
9			1	3	E
11			2	5	E
13		1	3	6	F
15		2	4	9	F
17	1	3	5	11	F
19	2	3	6	14	G
21	3	4	7	17	G

51 — 5'

	12	9	6	3 m	
6				1	D
8			1	3	E
10			2	5	E
12		1	3	7	F
14		3	4	9	F
16	1	3	6	11	F
18	2	4	7	14	G

Autor: Dr. Max Hahn
© VDST Verband Deutscher Sporttaucher

0 – 700m ü. N.N.
Aufstieg mit 10m/min

Gase sind in Flüssigkeit lösbar. Wenn ein Taucher sehr lange Zeit oder in großer Tiefe taucht, reichert sich Stickstoff im Körper an. Sinkt der Druck beim Auftauchen zu schnell ab, bevor der Stickstoff abgeatmet werden kann, so bilden sich spontan Stickstoffbläschen im Körper, die zu verschiedenen Beschwerden (Cassion-Krankheit) mit zum Teil tödlichem Ausgang führen können.

Taucher führen daher Tabellen mit sich, die ihnen für Tauchgänge verschiedener Länge und Tiefe die dann benötigten Auftauchpausen angeben. Als Tiefe wird dabei die während des Tauchgangs maximal erreichte Tiefe angesetzt.

Bei einer maximal erreichten Tiefe von 33 Metern nennt die Tabelle 12 Minuten als Nullzeit, bis zu der man noch jederzeit ohne Zwischenstopp auftauchen darf. Hat man dagegen etwa 24 Minuten getaucht, ist ein Dekostopp von 3 Minuten auf 6 Meter Tiefe und ein weiterer von 8 Minuten auf 3 Metern erforderlich.

Die Tabellen beachten dabei nicht, dass Tauchgänge üblicherweise nicht auf konstanter Tiefe durchgeführt werden. Dadurch ergibt sich eine zusätzliche Sicherheitsreserve, die von Tauchern zur risikolosen Verlängerung ihrer Tauchgänge genutzt werden könnte.

Aufgabe   Für Tauchprofile mit variablen Tiefen soll ein Modell für die Stickstoffaufnahme entwickelt werden, das es erlaubt, ohne Sicherheitseinbuße die Tauchzeit zu verlängern. (Dies geschieht heute in den handelsüblichen Tauchcomputern.)

5.2 Hintergrundinformationen

Taucher atmen unter einem erhöhten Umgebungsdruck. Dabei wird zunächst eine Pressluftflasche mit den Gasen, aus denen sich die Luft zusammensetzt befüllt (200–300 bar). Durch ein Ventil wird dann unter Wasser der Druck der entnommenen Luft auf den Umgebungsdruck herabreguliert. In der Lunge wird vor allem der Sauerstoff durch das Hämoglobin aktiv aufgenommen und über das Blut zu den einzelnen Geweben transportiert. Aber auch die anderen Luftbestandteile lösen sich in geringem Umfang physikalisch im Blut als Lösungsmittel. Dabei dominiert Stickstoff mit seinem Anteil von etwa 78 %.

Nach dem Gesetz von Henry löst sich umso mehr Gas in einer Flüssigkeit, je größer der Partialdruck des betreffenden Gases ist. Dieser berechnet sich aus Gasdruck mal Prozentanteil. Die Proportionalitätskonstante ist abhängig vom Gas und dem Lösungsmittel. Das Gleiche gilt für Gewebe. Das bedeutet, es wird etwa so lange Stickstoff aufgenommen, bis das entsprechende Gewebe seinen (vom Partialdruck abhängigen) Sättigungszustand erreicht hat. Der Partialdruck, der notwendig ist, eine gegebene Stickstoffkonzentration im Gewebe im Sättigungszustand zu erzeugen, bezeichnet man als den Inertgasdruck des Stickstoffs im Gewebe. Der Lösungsprozess benötigt einige Zeit. Er ist abhängig von Gas, Lösungsmittel, Kapazität des Lösungsmittels, Kontaktfläche etc.

Hat sich der Stickstoff in großen Tiefen im Taucher stark angereichert, und taucht der Taucher dann schnell auf, besitzen einzelne Gewebe einen Stickstoff-Inertgasdruck

$$n(t) = \frac{\text{Stickstoffgehalt}}{\text{Sättigungsgehalt bei 1 bar}} \text{ [in bar]},$$

der nicht nur den Stickstoff-Partialdruck der Atemluft, sondern sogar den Umgebungsdruck übertrifft. Es kommt dann nicht nur in der Lunge zu einer Abgabe von Stickstoff, sondern auch im Inneren der Gewebe selbst, d. h., es bilden sich kleinste Gasbläschen aus 100%igem Stickstoff mit Partialdruck gleich Umgebungsdruck. Solange diese noch sehr klein sind und die Flüssigkeit zäh, ist der volumenabhängige Auftrieb vernachlässigbar gegen den oberflächenabhängigen Strömungswiderstand. Diese kleinsten Bläschen können daher wie gelöste Teilchen vom Blut in die Lungen transportiert und dort abgeatmet werden. Ab einer gewissen Größe, steigen die Bläschen jedoch auf, sammeln sich und vereinigen sich zu noch größeren Bläschen, die dann Gefäße verstopfen können und zu verschiedensten Krankheitsbildern (Hautkribbeln (Taucherflöhe), Kopfschmerzen, rheumatische Gelenkschmerzen, Embolien) und sogar zum Tode führen können. Ab welchem Inertgasdruck und welchem Umgebungsdruck die Bläschen kritisch werden, muss experimentell bestimmt werden. Auf jeden Fall sind die Bläschen bei höherem Druck kleiner, sodass bei hohem Druck mehr gasförmiger Stickstoff toleriert werden kann. Bei wachsendem Umgebungsdruck P wächst also der tolerierte Inertgasdruck p_t. Ein einfaches lineares Modell

$$p_t = a + cP = a + P/b$$

mit $b = 1/c$ verwendet z. B. BÜHLMANN.

Ein noch einfacheres Modell lässt sich folgendermaßen motivieren: Abhängig von der Stickstoffaufnahmekapazität c des Gewebes ist die Menge Stickstoff in den Bläschen im Falle $n(t) > P$ gegeben durch $c\,(n(t) - P)$. Dies ergibt ein Bläschenvolumen von

$$V = c\,(n(t) - P)/P \overset{!}{<} V_{max}$$

mit maximal toleriertem Volumen V_{max} bzw. einem kritischen Inertgasdruck von

$$p: = \left[\frac{V_{max}}{c} + 1\right] P > n\,(t)$$

proportional zu P.

Daher ist es wichtig, Tauchgänge so zu planen, dass der aufgenommene Stickstoff rechtzeitig wieder abgegeben werden kann, bevor zu große Bläschen entstehen (Dekompressionstauchgänge) oder so kurz oder flach zu tauchen, dass erst gar nicht so viel Stickstoff aufgenommen werden kann (Nullzeittauchgänge).

Durch umfangreiche Versuche (Unfälle, Tierexperimente, Druckkammerversuche) sind Tabellen entstanden, die jedoch nicht auf die einzelnen Tauchprofile eingehen, sondern nur sehr pauschale Angaben machen. Insbesondere werden Tauchgänge nur nach ihrer Dauer und Maximaltiefe unterschieden und müssen aus Sicherheitsgründen auch im Extremfall gelten, bei dem der Taucher sich während der ganzen Dauer auf Maximaltiefe befunden hat. Bei realistischen Tauchprofilen, die unterschiedliche Tiefen enthalten, wird der kritische Stickstoffgehalt daher oft bei weitem unterschritten, auch wenn die Tabellen das Ende der Nullzeit signalisieren. Sporttaucher, die aus Sicherheitsgründen nur Nullzeittauchgänge durchführen sollten, sind dann oft gezwungen, mit noch halbvollen Pressluftflaschen aufzutauchen, obwohl tatsächlich noch ein längerer Aufenthalt unter Wasser möglich gewesen wäre.

Da die Kontaktfläche in den Lungen so groß ist, dass das Blut nach Verlassen der Lunge relativ gut mit Stickstoff gesättigt ist, wird im Blut sehr schnell der kritische Partialdruck überschritten. Dies wird durch eine Auftauchregel berücksichtigt, nach der man nie schneller als 10 Meter pro Minute auftauchen darf. In dieser Zeit hat alles Blut einmal die Lungen passiert, sodass der Stickstoffpartialdruck des Blutes nicht kritisch werden kann. Das Blut besitzt dann kurz bevor es die Lungen erreicht einen Inertdruck, der dem Partialdruck von 10 Metern tiefer entspricht. Dies ist am kritischsten in der Nähe der Oberfläche (größte relative Druckdifferenz), aber auch dort nicht gefährlich, da ja sogar in 11 Metern Tiefe beliebig lange ausgeharrt werden darf.

Alle anderen Organe nehmen Stickstoff sehr langsam auf, sodass die Verzögerung bis der Stickstoff durch das Blut von den Lungen zu ihnen transportiert wird zunächst vernachlässigt werden kann. In einem einfachen Modell kann man also annehmen, dass alle Organe direkt mit der Lunge verbunden wären.

Anstelle der für die Modellbildung notwendigen aufwändigen Experimente verwenden wir die Tauchtabellen, um die Parameter des zu entwickelnden Modells anzupassen.

Die Angaben dieses Abschnitts dienen dem Lehrer als Hintergrundinformation und sollten den Schülern zum Teil zu Beginn als Vorinformation, zum Teil auf Nachfragen bei Bedarf mitgeteilt werden. Alle weiteren Schritte der Modellierung können dann mit schulischen Hilfsmitteln durchgeführt werden.

5.3 Das Modell

Einen Hinweis darauf, ab welcher Größe die Bläschen kritisch werden, gibt die Tauchtabelle, die erst bei 12 Metern einsetzt. Bis zu 11 Metern ist also scheinbar ein unbegrenzter Aufenthalt möglich. Der dabei erreichte Sättigungspartialdruck von Stickstoff beträgt 0,78 · 2,1 bar = 1,638 bar. An der Oberfläche herrscht also in den Geweben ein im Vergleich zum Außendruck etwa 1,638facher Stickstoffpartialdruck. Der im Vergleich zum Sättigungspartialdruck überschüssige Teil des Stickstoffes könnte Bläschen bilden, die ab einer gewissen Größe kritisch werden. Diese Größe ist abhängig vom Gesamtvolumen des überschüssigen Stickstoffes, also hier proportional zu 1,638 − 100 % = 0,638.

Offensichtlich sind beim Tauchen verschiedene Gewebe zu berücksichtigen. Der Zustand des Tauchers bezüglich des Stickstoffes wird also gegeben durch den Inertgasdruck $n_i(t)$ aller Gewebe i. Grenzen 2 Gewebe aneinander mit $n_i > n_j$, so gibt Gewebe i an Gewebe j Stickstoff ab, auch wenn die Konzentration in Gewebe i kleiner sein sollte (Dies kann eintreten, falls sich etwa Stickstoff sehr schlecht in Gewebe i „löst.").

Der Druck bei Tauchtiefe T in Metern beträgt $P = 1 + 0,1\,T$ in bar. Der Stickstoffpartialdruck der Atemluft ist bei einem Anteil von 78 %, also $0,78\,P$.

Der Stickstoffgehalt $n_b(t)$ des Blutes, welches die Lungen verlässt, ist bei Sättigung ebenfalls $0,78\,P$. Vernachlässigt man die Verzögerung, so gilt für die Änderung des Stickstoffgehalts $n_i(t)$ eines Gewebes:

$$\dot{n}_i(t) = \alpha\,(n_b(t) - n_i(t))$$

oder für kurze Zeitintervalle Δt:

$$n_i(t + \Delta t) \approx n(t) + \Delta t k\,(n_b(t) - n_i(t)).$$

Kurze Zeitintervalle sind dabei $\Delta t < 1$ in Minuten. Dies entspricht dem Fehler, den wir bereits bei der Vernachlässigung der Verzögerung durch den Bluttransport machen. Die Lösung der Differentialgleichung für konstante Tiefe bzw. konstantes $n_b(t)$ lautet mit $t_0 = 0$:

$$n_i(t) = n_b + (0{,}78 - n_b)\, e^{-\alpha t}.$$

Dies nützt uns aber wenig, da n_b in der Regel nicht konstant ist. Wir kommen aber mit der diskreten Form ebenso gut aus. Die Aufnahmerate k beschreibt die Geschwindigkeit, mit der das Gewebe den Stickstoff aufnimmt, geteilt durch die Kapazität. Sie hängt von der Gewebeart und der Durchblutung ab. Es gilt dabei für kleines Δt:

$$\Delta t k = 1 - e^{-\alpha \Delta t} \approx \alpha \Delta t.$$

Jeder Taucher besitzt verschiedene Gewebearten, die je nach Tauchgang unterschiedlich durchblutet sind. Da die Tabellen für alle Taucher funktionieren müssen, sodass auch im schlimmsten Fall kein Unfall geschieht, sind sie für Taucher mit ungünstiger Konstitution und extremer Ausnutzung der Tauchtiefen ausgelegt. Eine solche extreme Ausnutzung ist eine starke Durchblutung der Organe während der Stickstoffanreicherungsphase und eine schwache Durchblutung beim Auftauchen. Ein solches Verhalten ist gar nicht so unüblich.

So muss man beim Auftauchen oft von einer geringeren Muskeltätigkeit des Tauchers ausgehen. Das kommt zum Beispiel dadurch, dass sich Taucher bei Dekopausen oft an der entsprechend markierten Ankerkette festhalten, um die richtige Tauchtiefe einhalten zu können. Durch die geringere Muskeltätigkeit hat der Taucher in einigen Geweben eine geringere Durchblutung. Es muss daher damit gerechnet werden, dass die Stickstoffabgabe langsamer erfolgt, gemäß:

$$\dot{n}_i(t) = \begin{cases} \alpha_1(n_b(t) - n_i(t)), \text{ falls } n_b(t) < n_i(t) \\ \alpha_2(n_b(t) - n_i(t)), \text{ falls } n_b(t) > n_i(t) \end{cases}$$

oder:

$$n_i(t + \Delta t) \approx \begin{cases} n(t) + \Delta t k_1 \, (n_b(t) - n_i(t)), \text{ falls } n_b(t) < n_i(t) \\ n(t) + \Delta t k_2 \, (n_b(t) - n_i(t)), \text{ falls } n_b(t) > n_i(t) \end{cases}$$

Tatsächlich unterscheiden sich während eines Tauchganges k_1 und k_2 nur wenig. Wenn man keine Wiederholungstauchgänge simuliert, kann daher mit $k_1 = k_2 = k$ gerechnet werden. In den Ruhephasen zwischen zwei Tauchgängen (Schlafen am Strand) kann es jedoch zu $k_2 << k_1$ kommen. Die Konstanten k_1 und k_2 müssen für jedes Gewebe bestimmt werden.

Je nach Tauchgang ist aber oft nur ein bestimmtes Gewebe besonders kritisch. Man bezeichnet dieses Gewebe daher auch als Leitgewebe. Welches das ist, hängt von der Art des Tauchganges und von der Konstitution des Tauchers ab. Für extrem lange Dekompressionstauchgänge bei geringer Tiefe (15 m) sind dies schlecht durchblutete Gewebe, die sich durch den langen Aufenthalt genügend anreichern, bei kurzen Dekostopps aber nicht genügend entsättigen.

Bei extrem tiefen Tauchgängen können es die Organe sein, die extrem wenig Stickstoff aufnehmen, sodass selbst bei 200 % Übersättigung, bei welcher die Hälfte des Stickstoffs in Form von Bläschen vorliegt, diese so klein und wenig sind, dass die Sache nicht kritisch ist. Manche Gewebe vertragen also eine extrem hohe Übersättigung und können daher erst bei sehr großen Tauchtiefen relevant werden.

Wir verwenden als Modell für den kritischen Druck $p_t = cP$ bzw. für jedes Gewebe: $n_i(t) > C_i P > P$. C_i ist für jedes Gewebe zu bestimmen.

Für das Leitgewebe bei 12 Meter-Tauchgängen gilt bei proportionalem Ansatz ($p_t = P/b$): $C_i \approx 1{,}638$. Für die Tauchprofile, welche für Sporttaucher besonders interessant sind (Nullzeittauchgänge zwischen 18 und 36 Meter), kann man schon mit einem Modell mit nur einem Gewebe sehr gute Ergebnisse erzielen. Bei geringeren Tiefen wird die Nullzeit wegen Luftmangel kaum erreicht, bei größeren Tiefen ist die Nullzeit uninteressant kurz.

5.4 Vereinfachte Aufgabenstellung

Verzichtet man auf eine Simulation variabler Tauchprofile und versucht nur, den Stickstoffaufnahmeparameter des Leitgewebes zu identifizieren, so kann man die Tabelle der Nullzeiten verwenden.

Tiefe	12	15	18	21	24	27	30	33	36	39	42	45	48	51
Nullzeit	140	72	45	31	23	18	15	12	10	9	7	6	5	5

Verwendet man dann die Lösung

$$n_i(t) = n_b + (0{,}78 - n_b)\, e^{-\alpha t}$$

der Differentialgleichung

$$\dot{n}_i(t) = \alpha(n_b - n_i(t))$$

mit $n_b = 0,78\,(1 + 0,1T)$ und fordert man

$$n_i(t_n) = 0,78\,(1 + 0,1T) - 0,078Te^{-\alpha t_n} = P_k$$

mit P_k als unbekannten kritischen Druck an der Oberfläche, so erhält man für $P_k = 2,6$ bar und $\alpha = 0,05$ min^{-1} sehr gute Übereinstimmung im mittleren Bereich (18–39 Meter). Ohne große Simulation hat man dabei ein schönes Beispiel für exponentielles Wachstum bzw. für exponentielle Dämpfung. Dieser Weg wurde bereits in einer 10. Klasse zur Einführung der Exponentialfunktion ausprobiert.

Dabei betrachtet man noch besser die Funktion $y(t) := n_i(t) - n_b$ und die Differentialgleichung

$$\dot{y} = \alpha y.$$

5.5 Excel-Simulationen

5.5.1 Stickstoffaufnahme und -abgabe bei Nullzeittauchgängen

Die Stickstoffaufnahme wurde mit Excel simuliert. Dabei konnten folgende Parameter mit Hilfe von Schiebereglern gewählt bzw. variiert werden:

- das Zeitintervall Δt
- die maximal erreichte Tiefe T
- die Aufnahmerate k_1
- die Abgaberate k_2
- eine Konstante C, um den kritischen Wert des Gewebes zu bestimmen.

Abgetaucht wurde in einer Minute, aufgetaucht mit 10m/Minute. Der Taucher taucht also zügig ab und so spät und schnell wie erlaubt auf. Er besitzt damit stets den maximal möglichen Inertgasdruck. Dieses worst-case-Tauchprofil ist aber nach Tabelle gerade noch erlaubt und sollte den Inertgasdruck bis knapp an die kritische Grenze führen.

In Abhängigkeit dieser Parameter berechnet das Programm die Zeit, die Tiefe, den Druck, den Partialdruck des Stickstoffs, den Druck, der der Menge an gelöstem Stickstoff im betrachteten Gewebe entspricht, und den kritischen Wert des Gewebes.

Die Zeit: Die Zeit beginnt bei null und jeder Zeitschritt errechnet sich aus dem vorausgegangenen durch Addition von Δt. Je geringer Δt gewählt wird, umso höher ist die Genauigkeit bei der Berechnung des Drucks, der der Menge an gelöstem Stickstoff im Gewebe entspricht. Allerdings sollte das Programm bereits bei $\Delta t = 1$ die entsprechende Genauigkeit erreichen, da nur bei

Zeitschritten von $\Delta t \geq 1$ die Zeit vernachlässigt werden kann, die der Blutkreislauf braucht, um den Stickstoff zu den Geweben zu transportieren bzw. beim Auftauchen von den Geweben abzutransportieren. Darüber hinaus kann ein Taucher die Zeit nur mit einer begrenzten Genauigkeit ablesen.

Der Druck: Aus der Tiefe werden Druck und Partialdruck berechnet. Dabei gilt:

$$\text{Druck} = \left(\frac{\text{Tiefe}}{10\,\text{m}} + 1 \right) \text{ bar und Partialdruck} = 0{,}78 \cdot \text{Druck.}$$

Der Stickstoff im Gewebe: Der Druck, der der Menge an gelöstem Stickstoff im Gewebe entspricht, wird mit der oben genannten Gleichung berechnet:

$$n(t + \Delta t) = n(t) + \Delta t \cdot \text{k} \cdot (0{,}78 \cdot P - n(t)).$$

Dabei gilt bis zum Erreichen der Nullzeit $k = k_1$, danach $k = k_2$.

Der kritische Wert: Er beträgt das C-fache des Umgebungsdruckes. Da die Tauchtabelle erst bei 12 m ansetzt, kann man in einer Tiefe von 11 m unbegrenzt lange tauchen. Der Druck in 11 m Tiefe beträgt 2,1 bar, der Sättigungsdruck also $2{,}1 \cdot 0{,}78 = 1{,}638$ bar. Daher ist C = 1,638. Dies gilt für das Leitgewebe langer Tauchgänge auf 12 m.

Verschiedene Gewebe haben bezüglich des Stickstoffgehalts verschiedene Toleranzen. Dies wird durch den Parameter C berücksichtigt. Je höher C ist, umso höher ist der kritische Wert für das betrachtete Gewebe.

Die Diagramme: In den Diagrammen ist der zulässige und der simulierte Inertgasdruck für verschiedene Tauchprofile abgebildet.

Die folgenden Bilder zeigen solche Diagramme für extreme Nullzeittauchgänge mit einer Tiefe von 21, 30 und 51 m. Die Maximaltiefe wurde dabei während der gesamten Zeit beibehalten. Dies ist der worst-case-Taucher, und auch für diesen Fall sollte der Tauchgang sicher sein. Nimmt man aber an, dass die Tabellen keine weiteren Sicherheitsreserven besitzen, so sollte der Stickstoffgehalt eines Gewebes (Leitgewebe) bei diesen Tauchgängen bis knapp an die kritische Grenze heranreichen. Dies erhält man bei geeigneter Parameterwahl.

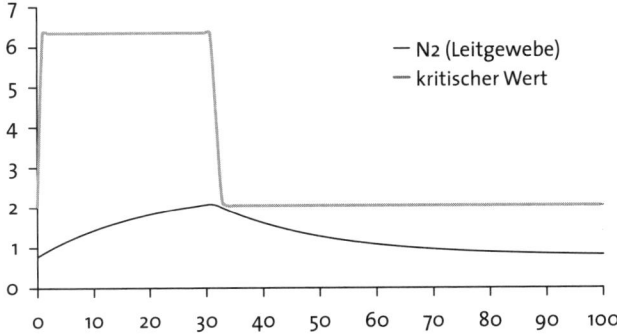

Abb. 5.1: Nullzeittauchgang bei 21 Metern

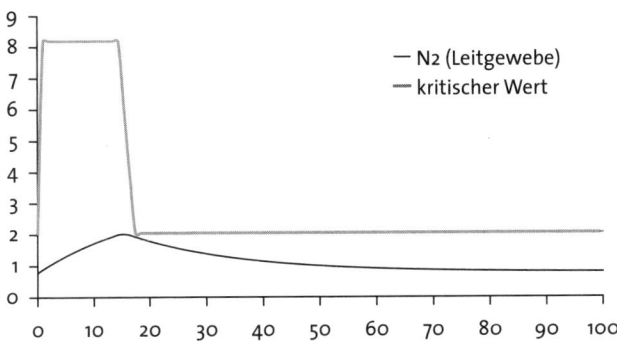

Abb. 5.2: Nullzeittauchgang bei 30 Metern

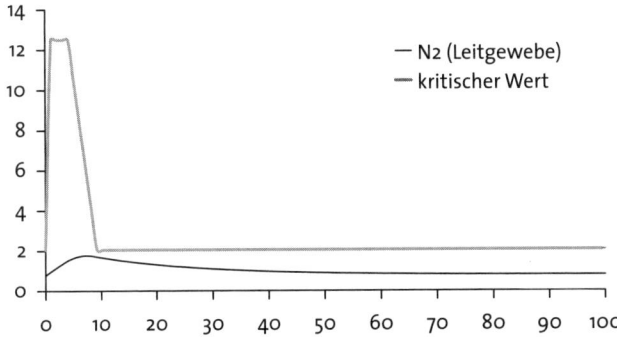

Abb. 5.3: Nullzeittauchgang bei 51 Metern

Parameterwahl

Wenn angenommen wird, dass ein Leitgewebe ausreicht, muss man versuchen, einen Parametersatz zu finden, der die Nullzeiten der interessanten Tauchgänge alle erklärt. Die Parmeteranpassung geht sehr bequem, wenn man die Simulation mit Excel durchführt und die Parmeter mit Schiebereglern (Bildlaufleisten) variiert (vgl. Abschnitt 1.1).

Ein möglicher Parametersatz ist:

$$\Delta t = 1; \quad k_1 = 0,05; \quad k_2 = 0,05; \quad C = 2,0966$$

$k_2 = k_1$ ist bei Nullzeittauchgängen plausibel, da es keinen Grund zu der Annahme gibt, dass der Taucher beim Auftauchen eine geringere Muskeltätigkeit aufweist. Zudem soll bei Nullzeittauchgängen der kritische Partialdruck gar nicht erst erreicht werden. Bei einer worst-case-Annahme sollte man es aber dennoch berücksichtigen.

Da der kritische Wert mit diesem Parametersatz bei den Tauchtiefen zwischen 18 und 33 Meter erreicht wird und man auch bei den größeren Tiefen nicht weit darunter liegt, handelt es sich hierbei um einen worst-case-Taucher.

5.5.2 Tauchgänge mit Dekopausen

Das so gefundene Modell kann nun bei anderen Tauchprofilen getestet werden, beispielsweise bei einem Tauchgang 36 Minuten auf 33 Metern, der Dekompressionszeiten vorsieht.

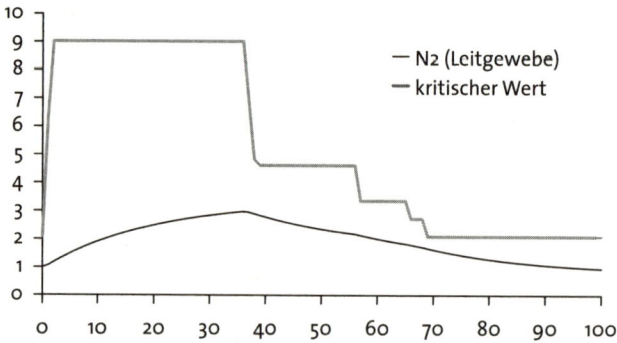

Abb. 5.4: Dekotauchgang 36 Minuten auf 33 Metern

Abbildung 5.4 zeigt, dass hier offensichtlich andere Gewebe mit anderen Parametern die dominante Rolle spielen. Der Stickstoffinertgasdruck des modellierten Gewebes bleibt weit vom kritischen Druck entfernt und kann die von der Tabelle vorgeschriebenen Dekozeiten nicht erklären, insbesondere die Länge des ersten Dekostopps. Dazu wären andere Gewebe mit anderen Parametern notwendig.

5.5.3 Variable Tauchgänge

Hat man ein vertrauenswürdiges Modell (dies ist hier noch nicht der Fall), so könnte man nun Tauchgänge mit variablem Tiefenprofil und verlängerter Tauchzeit planen.

Beispielsweise einen Tauchgang, bei dem man in verschiedenen Tiefen jeweils einen bestimmten Prozentsatz der dort gültigen Nullzeit (zusammen 100 %) verweilt. Dabei sollte man mit den größten Tiefen beginnen.

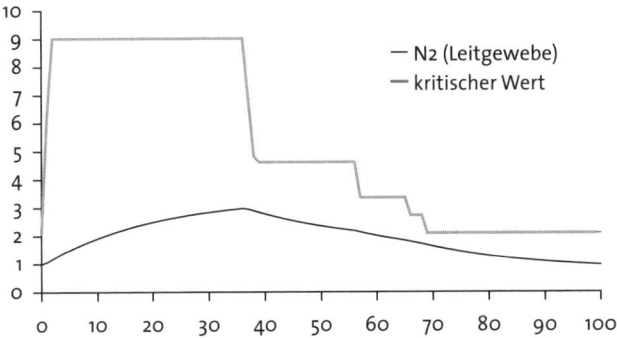

Abb. 5.5: Tauchgang auf 30, 21 und 18 Metern (jeweils 1/3 Nullzeit)

Beispiel: Die maximal erreichte Tiefe dieses Tauchgangs ist 30 Meter. Laut Tauchtabelle müsste man bei einem Nullzeittauchgang dieser Art nach 15 Minuten auftauchen. Geht man aber von dem Parametersatz aus, der bei der Simulation der Nullzeittauchgänge bestimmt wurde, so sieht man anhand der Simulation, dass man bei diesem Tauchgang auch problemlos 45 Minuten tauchen kann. Nach diesem Prinzip, aber mit mehr Geweben und genau angepassten Parametern arbeiten heutige Tauchcomputer.

Sicherheitshinweis: Die Lösungsansätze stellen nur die Idee der prinzipiellen Vorgehensweise dar. Ein realistisches Modell erfordert noch wesentlich mehr Effekte. Von einer Realisierung der hier berechneten variablen Tauchprofile ist daher dringend abzuraten.

Literatur

BÜHLMANN A., VÖLLM E., NUSSBERGER P.: *Tauchmedizin*, Springer 2002

6. Sterilisation von Nahrungsmitteln

Bei der Herstellung von Lebensmittelkonserven werden diese durch Erhitzen in einem Autoklaven haltbar gemacht. Dabei müssen einerseits die gefährlichsten Keime abgetötet werden, andererseits sollen Geschmacks- und Nährstoffe möglichst erhalten bleiben. Dazu werden die zylindrischen Konserven im Autoklaven so übereinandergestapelt, dass die Deckflächen keinen Kontakt zum Dampf besitzen.

Bei der betrachteten Fleischkonserve ist der temperaturresistenteste der relevanten Keime das Bakterium Clostridium Butolinum. Seine Keimzahl muss um den Faktor 10^{-7} reduziert werden. Auf der anderen Seite soll das wichtigste der temperaturanfälligen Nährstoffe das Vitamin Thiamin weitgehend erhalten bleiben.

Mikroorganismus M und Vitamin V zerfallen beide mit einer temperaturabhängigen Rate gemäß:

$$\dot{M} = k_m(T)M \qquad \text{bzw.} \qquad \dot{V} = k_v(T)V$$

mit Standardtemperatur $T = T_s = 121{,}11 + 273{,}15 = 394{,}26$ K (entspricht Kochen bei einer Atmosphäre Überdruck) und

$$k_m(T) = k_{0m}e^{\frac{E_m}{RT_s} - \frac{E_m}{RT}} \qquad \text{bzw.} \qquad k_v(T) = k_{0v}e^{\frac{E_v}{RT_s} - \frac{E_v}{RT}}.$$

Dabei gilt:

$$k_{0m} = 0{,}07675 \text{ s}^{-1} \qquad \text{bzw.} \qquad k_{0v} = 2{,}15 \cdot 10^{-4} \text{s}^{-1}$$

und

$$E = E_m = R\frac{T_s^2 \ln 10}{10} \text{ K}^{-1} \qquad \text{bzw.} \qquad E = E_v = R\frac{T_s^2 \ln 10}{25.56} \text{ K}^{-1}$$

mit

$$E_m = 2{,}98 \cdot 10^5 \text{ J mol}^{-1} \qquad \text{bzw.} \qquad E_v = 1{,}164 \cdot 10^5 \text{ J mol}^{-1}.$$

universelle Gaskonstante:	$R = 8{,}3143 \cdot 10^3$ J K kmol^{-1}
Wärmekapazität des Lebensmittels:	$c = 3000$ J/kgK
Dichte des Lebensmittels:	$\rho = 970$ kg/m^3
Wärmeleitfähigkeit des Lebensmittels:	$k = 0{,}4$ W/mK
Dosendurchmesser:	$d = 7{,}8$ cm
Temperatur zu Beginn und Ende:	$T_0 = T_e = 273{,}15$ K $+ 30$ K

Literatur
D. KLEIS, E. W. SACHS: Optimal Control of the Sterilization of Prepacked Food.

6.1 Vereinfachte Aufgabe

Als Vorstudie oder als kleineres Projekt behandeln wir die Frage: Wie schnell Vitamine bei steigender Temperatur im Vergleich zur Keimzahl reduziert werden, wenn man annimmt, dass die Temperatur in der ganzen Dose blitzartig hoch- und runtergeregelt werden kann. (Dies beschreibt etwa die Situation beim Ultrahocherhitzen.)

Dazu muss man vergleichen, wie schnell Vitamine und Mikroorganismen bei gegebener Temperatur zerstört werden.

Aufgabe   Man vergleiche die Halbwertszeiten von Vitaminen und Keimen.

Bei konstanter Temperatur T zerfallen Mikroorganismen und Vitamine exponentiell. Es gilt:

$$M(t) = M(0)e^{-k_m(T)t} \qquad \text{bzw.} \qquad V(t) = V(0)e^{-k_v(T)t}.$$

Bei fester Erhitzungszeit Δt gilt:

$$\frac{M(\Delta t)}{M(0)} = e^{-k_m(T)\Delta t} \qquad \text{bzw.} \qquad \frac{V(\Delta t)}{V(0)} = e^{-k_v(T)\Delta t}$$

mit $k_m(T) = 2{,}0468 \cdot 10^{38}\, e^{-35792/T}$ und $k_v(T) = 5{,}7190 \cdot 10^{11}\, e^{-14003/T}$.

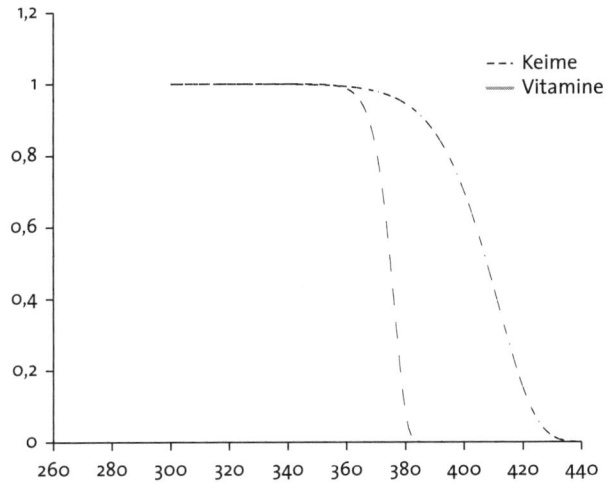

Abb. 6.1: Reduktionsfaktoren bei 1000 Sekunden Erhitzung

Als Halbwertszeiten $T_{1/2}$ findet man:

$$T_{m1/2} = \frac{\ln 2}{k_m(T)} \qquad \text{bzw.} \qquad T_{v1/2} = \frac{\ln 2}{k_v(T)}$$

und als Halbwertszeitverhältnis

$$\frac{T_{m1/2}}{T_{v1/2}} = \frac{k_v(T)}{k_m(T)}.$$

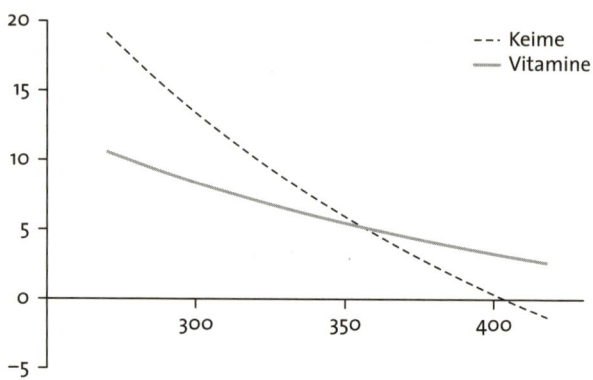

Abb. 6.2: Halbwertszeiten bei verschiedenen Temperaturen

Bei niedrigen Temperaturen zerfallen Vitamine wesentlich schneller als die Keime, bei 300 K ist die Halbwertszeit der Keime 10^5-mal so lang. Bei hohen Temperaturen ist dies umgekehrt. Bei 400 Kelvin sterben die Keime 100-mal so schnell wie die Vitamine.

Ziel eines optimalen Sterilisationsprozesses ist es also, hohe Temperaturen zu erreichen (die dann nur kurz bestehen müssen) und mittlere Temperaturbereiche zu meiden. Dies ist genau das Prinzip beim Ultrahocherhitzen. Dabei wird etwa Milch durch eine dünne Düse gepumpt, kurzzeitig extrem aufgeheizt und sogleich wieder abgekühlt. Dadurch wird sie praktisch steril und behält einen Großteil der Vitamine (siehe Kommentar auf verschiedenen Milchpackungen). Allerdings gehen aber bestimmte Geschmacksstoffe verloren.

6.2 Simulation im Autoklaven

Leider ist augenblickliches Hochfahren der Temperatur nicht möglich. Konservendosen müssen vom Rand her erwärmt werden. Bis die Keime im Dosenkern abgetötet sind, werden dabei die Vitamine in den Randzonen weitgehend zerstört. Man kann näherungsweise davon ausgehen, dass die Dampftemperatur im Autoklaven nahezu sofort auf eine gewünschte Temperatur gebracht werden kann. Das erste Problem besteht dann darin, ein Modell zu finden, welches beschreibt, wie die Temperatur mit der Zeit in die inneren Teile der Dose gelangt.

Damit alle Dosen den gleichen Bedingungen ausgesetzt sind und eine definierte Produktqualität entsteht, werden jeweils mehrere zylindrische Dosen genau übereinander gestapelt und diese Stapel oben und unten isoliert. Ansonsten würden die oberen Dosen schneller erwärmt als die anderen Dosen im Stapel. Vernachlässigt man die schnellere Wärmeleitung im Metall, die dafür sorgt, dass bei einer Erwärmung des Stapels von der Seite an einigen Stellen schnell Wärme ins Innere des Stapels geleitet wird, so verhält sich der Dosenstapel wie eine einzige sehr hohe Dose, bei der es keinen Anlass für Temperaturunterschiede in vertikaler Richtung gibt. Bei der Simulation betrachten wir daher die Temperaturverteilung entlang eines horizontalen Schnittes durch den Dosenstapel. Dieser Schnitt ist ein Kreisgebiet.

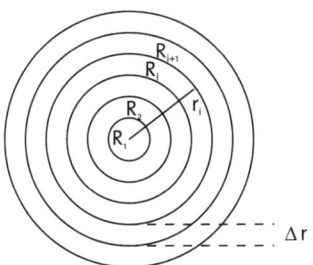

Abb. 6.3: Aufspaltung der Konservendose in Zylinderschalen

Auf Grund der Rotationssymmetrie ist dabei zu jedem Zeitpunkt die Temperatur entlang konzentrischer Ringe um den Mittelpunkt näherungsweise als konstant anzunehmen (vgl. Abb. 6.3). Die Temperatur in der Dose hängt also nur von der Zeit t und dem Abstand r vom Mittelpunkt ab. Zu klären ist, nach welchem Gesetz sich diese Temperatur ändert, wenn außen, also am Rand des Kreises, eine bestimmte Dampftemperatur vorgegeben wird.

Wärmere Körper geben Wärme an kältere Körper ab. Wie schnell dies geschieht, hängt ab von der Wärmeleitfähigkeit, spezifischer Wärmekapazität der Körper und außerdem von der Kontaktfläche und dem Volumen. Teilt man bei einer Dose mit Radius d die Kreisscheibe in k Kreisringe R_i der Dicke $h = d/k$ und äußerem Radius $r_i = ih$, so interessieren die mittleren Temperaturen $T_i(t)$ in jedem der Kreisringe. Dabei findet ein Temperaturaustausch zwischen R_i und R_{i-1} sowie R_{i+1} statt.

Der Wärmeaustausch von R_i zu R_{i+1} innerhalb einer kurzen Zeitspanne Δt ist proportional zum Temperaturgefälle, der Kontaktfläche und der Zeitspanne mit Proportionalitätfaktor k (Wärmeleitfähigkeit):

$$W_{i,i+1} = k\Delta t \, \frac{T_i - T_{i+1}}{h} \, 2\pi(ih)h.$$

Die Temperaturzunahme im Kreisring R_i ergibt sich dann aus dem Wärmeaustausch mit den beiden angrenzenden Ringen sowie aus spezifischer Wärmekapazität, spezifischer Dichte und dem Volumen

$$V_i = h(ih)^2\pi - h((i-1)h)^2\pi = (2i-1)h^3\pi$$

gemäß:

$$T_i(t+\Delta t) = T_i(t) + \frac{1}{c\rho V_i} k\Delta t \left[\frac{T_{i+1} - T_i}{h} (2\pi ih)h + \frac{T_{i-1} - T_i}{h} (2\pi(i-1)h)h \right]$$

$$= T_i(t) + \frac{k\Delta t h^2}{(2i-1)c\rho h^3} \left[(2i-1) \frac{T_{i+1} - 2T_i + T_{i-1}}{h} + \frac{T_{i+1} - T_{i-1}}{h} \right]$$

$$= T_i(t) + \frac{k\Delta t}{c\rho} \left[\frac{T_{i+1} + T_{i-1} - 2T_i}{h^2} + \frac{T_{i+1} - T_{i-1}}{(2i-1)h^2} \right]$$

$$\approx T_i(t) + \frac{k\Delta t}{c\rho} \left[\frac{T_{i+1} + T_{i-1} - 2T_i}{h^2} + \frac{T_{i+1} - T_{i-1}}{2r_i h} \right]$$

Bemerkung: Dabei treten Differenzenquotienten der ersten und zweiten Ableitung von T auf. Beim Übergang $\Delta t, h \to 0$ geht die diskrete Gleichung in die partielle Differentialgleichung der Wärmeleitungsgleichung in Zylinderkoordinaten über:

$$T_t = \frac{k}{c\rho} (T_{rr} + \frac{1}{r} T_r).$$

6.2.1 Randbedingungen

Der Sterilisationsprozess wird optimiert, indem die Temperatur am Rand der Dose variabel gesteuert wird. Dazu wählen wir die Dampftemperatur zunächst stückweise konstant. Der Sterilisationszeitraum (etwa 150 Minuten) wird zunächst in kleine Zeiteinheiten (10 Sekunden) unterteilt, desgleichen die Dosen in mehrere (z. B. 20) Ringe.

Zur Steuerung geben wir uns in jedem der Zeitintervalle eine Temperatur vor und haben etwa 1000 Parameter optimal zu wählen.

Abhängig von der Temperatur erhalten wir dann zu jeder Zeit und in jedem Ring unterschiedliche Überlebensraten von Keimen und Vitaminen. Ist

$$r_{i,k} = e^{-k_v(T_i(t_k)\Delta t)}$$

die Überlebensrate im Sektor i im Zeitschritt k für die Vitamine, so ist im Sektor i die Gesamtüberlebensrate $R_i = \prod_k r_{i,k}$ und der relative Vitaminrestgehalt

$$\frac{\sum\limits_{i=1}^{n} R_i V_i}{\sum\limits_{i=1}^{n} V_i}.$$

Dieser soll möglichst hoch sein, während gleichzeitig die entsprechende Überlebensrate für die Keime gemäß

$$\frac{\sum\limits_{i=1}^{n} \bar{R}_i V_i}{\sum\limits_{i=1}^{n} V_i} \leq 10^{-7}$$

mit

$$\bar{R}_i = \prod_k \bar{r}_{i,k}; \quad \bar{r}_{i,k} = e^{-k_m(T_i(t_k)\Delta t)} < 10^{-7}$$

beschränkt sein muss.

6.2.2 Vorstudie

Statt 1000 verschiedene Parameter zu optimieren, wollen wir nur grundsätzlich das Prinzip der Optimierung dieses Prozesses erfahren. Wir bestimmen daher zunächst für eine feste Sterilistationstemperatur die zugehörige Sterilisationsdauer durch Variation der Zeit, bis genügend Keime abgetötet sind. Im Anschluss an die Heizphase hängen wir eine Abkühlphase bei 0 Grad. (Gemessen wird jeweils nach ausreichend langer Zeit, sodass die Konserve wieder weitgehend abgekühlt ist.) Für jede Temperatur notieren wir die dabei erhaltenen Vitamine und finden so die optimale konstante Sterilisationstemperatur.

Temperatur in K	380	385	390	395	400	410
Dauer in s	13304	8715	6666	5551	4774	3844
Vitamingehalt in %	59	65	67	66	64	58

Bei etwa 390 K ist eine Vitaminausbeute von 67 % möglich. Als Nächstes verfeinern wir die Steuerung, indem wir zwei Intervalle unterschiedlicher Heiztemperatur zulassen Es zeigt sich, dass mit einem moderaten Vorheizen ein noch etwas höherer Vitamingehalt erreicht werden kann.

Phase 1	Dauer: 5391 s	Temperatur: 363 K
Phase 2	Dauer: 4590 s	Temperatur: 390 K
Phase 3	Dauer: bis ganze Dose < 300 K	Temperatur: 273 K
Vitaminausbeute	68 %	

Je mehr Intervalle unterschiedlicher Heiztemperatur man zulässt, umso näher gelangt man an das Optimum. Man ist aber schon mit 2 Heizphasen nahe daran. Abbildung 6.4 zeigt die Temperaturentwicklung in den verschiedenen Zylinderschalen. Die Rechteckkurve ist die Temperatursteuerung. Die äußersten Bereiche der Dose folgen dieser Steuerung am schnellsten. Um auch den innersten Bereich ausreichend aufzuheizen, müssen die äußeren Bereiche sehr lange hohen Temperaturen ausgesetzt werden, wodurch dort ein

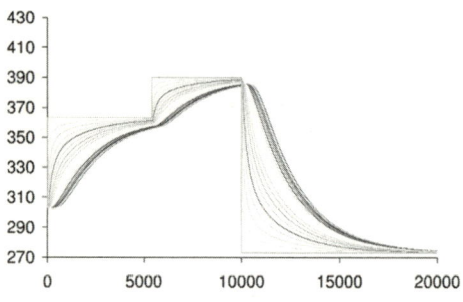

Abb. 6.4: Sterilisation mit Vorheizen

Großteil der Vitamine vernichtet wird. Durch die niedrige Vorheiztemperatur wird die Randzone weniger lange hoch erhitzt, sodass hier mehr Vitamine erhalten bleiben. Wesentlich mehr ist nur zu erreichen, wenn Dosen mit kleinerem Radius verwendet werden. Bei Dosen mit 5 cm Durchmesser können etwa 80 % der Vitamine erhalten werden.

Phase 1	Dauer: 2347 s	Temperatur: 363 K
Phase 2	Dauer: 2432 s	Temperatur: 390 K
Vitaminausbeute	79 %	

7. Statik eines Flachdaches

Bei zu schwach ausgeführten Dachkonstruktionen besteht die Gefahr eines Einsturzes. Diese Gefahr ist insbesondere dann gegeben, wenn das Dach eines Altbaus nachträglich mit einer aufwändiger isolierten und daher schwereren Eindeckung versehen wird oder die Tragfähigkeit der Balken durch Alterung unerwartet stark nachlässt.

Bei einem Flachdach ist das größte statische Problem die Belastung der horizontal verlaufenden Sparren mit großer Spannweite, auf der die Dachlatten und die Isolierschichten aufliegen. Dabei kommen häufig so genannte Leimbinder zum Einsatz. Hier werden aus vielen dünneren Balken durch Verleimen Holzbalken mit ungewöhnlichen Massen hergestellt. Üblich sind etwa Binder mit einem Querschnitt von 20 × 100 cm, also Querschnitte, die am Stück kaum aus einzelnen Bäumen geschnitten werden können. Durch geeignete Anordnung der verleimten Teile kann zudem erreicht werden, dass es kaum Vorzugsrichtungen für Rissbildungen gibt.

Wesentlich für die Belastbarkeit eines Leimbinders ist die Haltbarkeit der Verleimung. Lässt die Verleimung nach, kommt es zu einer rasanten Verringerung der Belastbarkeit und gegebenenfalls zum Einsturz.

Um einem Einsturz vorzubeugen, sollen die Dachsparren eines alten Flachdaches nachträglich verstärkt werden. Die teuerste Variante ist der komplette Austausch der zu schwachen Sparren, denn sie erfordert einen kompletten Neubau der Dachkonstruktion.

Die Gefahr für einen Bruch ist bei gleichmäßiger Belastung durch die Eindeckung und Schnee in der Mitte des Balkens am größten. Sie könnte verringert werden, wenn hier der Balken verstärkt würde (zusätzliches Verleimen weiterer Balken im Mittelbereich).

Aufgabe Welches Profil sollte ein Balken haben, der bei vorgegebenem Holzeinsatz eine vorgeschriebene maximale gleichmäßige Belastung aushält?

Daten:
- Wohnhaus: 10 m lang, 4,5 m breit, 12 Sparren LBH = 4,5 × 0,1 × 0,1 in Meter
- Maximallast: 4000 N/m^2
- Bruchspannung Holz: 130 kp/cm^2 = 1,2753 · 10^7 N/m^2

7.1 Bruchbiegemoment eines Balkens

Die Bestimmung eines Gesetzes für die Abhängigkeit des Bruchbiegemomentes von der Dimensionierung eines Balkens kann experimentell oder im Rahmen eines eigenen kleinen mathematischen Modellierungsprojekts erfolgen. Letzteres soll in diesem Unterabschnitt geschehen. Dies ist eine Vorstudie, die ein eigenes Problem definiert.

Aufgabe Wie hängt die Tragfähigkeit eines Sparren von den Abmessungen ab?

Holz ist ein Naturprodukt und besteht aus vielen elastischen Holzfasern. Versucht man einen Balken an einem Punkt P zu brechen, also durch Auflegen am Punkt P und Belastung der Enden im Abstand d mit einer Kraft F (vgl. Abb. 7.1 links), so biegt sich der Balken im Bereich der Kante am stärksten. Dort werden die kantenfernen Holzfasern stark gedehnt (vgl. Abb. 7.1 Mitte, gepunktete Linien), die kantennahen Holzfasern gestaucht (vgl. Abb. 7.1 Mitte, durchgezogene Linien) und eine neutrale Mittelschicht von Fasern dazwischen bleibt im Normalzustand (vgl. Abb. 7.1 Mitte, gestrichelte Linie). Jede Faser entwickelt dabei je nach Abstand a von der neutralen Mittelschicht eine Gegenkraft $f(a)$ und ein Drehmoment $af(a)$, welche in ihrer Summe das Drehmoment dF durch Belastung der Enden kompensieren (vgl. Abb. 7.1 rechts).

Ab einer gewissen Dehnung der kantenfernsten Fasern reißen diese, und wie beim Öffnen eines Reißverschlusses reißen dann nacheinander die jeweils kantenfernsten Fasern ab.

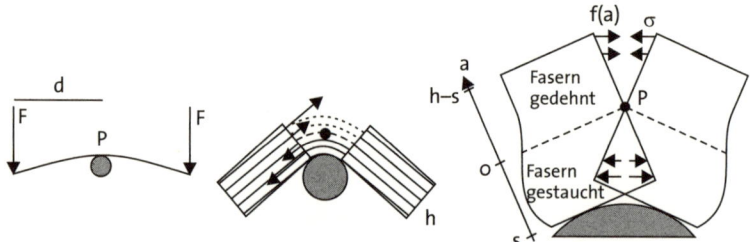

Abb. 7.1: Innere Biegemomente

Die Federkraft f einer intakten Holzfaser ist eine monotone, aber nicht notwendig lineare Funktion der Dehnung D.

$f = f(D)$ falls $D \leq D_{max}$.

Bei einer Belastung $f > f(D_{max})$ reißt die Faser. In der Ausgangslage ($D = 0$) ist $f = 0$. Ist F differenzierbar, so verhält sich die Faser bei kleinen Dehnungen (oder Stauchungen) näherungsweise wie eine Hook'sche Feder.

Wenn der Balken zur Ruhe gekommen ist, müssen die Faserrückstellkräfte im Gleichgewicht sein sowie bei reiner Biegung ohne Zug einige Fasern gedehnt und einige gestreckt werden. Dazwischen befindet sich eine neutrale Mittelschicht, in der die Fasern die Ausgangslänge besitzen und keine Kräfte ausüben. Die neutrale Schicht liegt bei Hook'schen Federn exakt in der Mitte. Bei allgemeinen Werkstoffen, die auf Dehnung anders reagieren als auf Stauchung, hat die neutrale Schicht kurz vor dem Bruch einen Abstand s bzw. $h-s$ zu den beiden Kanten (vgl. Abb. 7.1 rechts).

7.1.1 Lineares Federmodell

Wir nehmen der Einfachheit halber an, die Fasern verhalten sich bis zum Riss wie Hook'sche Federn und modellieren die rückstellende Kraft gemäß

$f = CD$, falls $|D| \leq D_{max}$,

$f = 0$ sonst.

In diesem Fall ist $s = h/2$, die neutrale Schicht liegt also in der Mitte. Das Drehmoment im Punkt P, welches die gestreckten und gestauchten Fasern ausüben, berechnet sich aus der Summe der Produkte von Rückstellkräften und Hebelarmen. Dabei sind die Rückstellkräfte $f = CD$ linear abhängig von der Auslenkung D mit unbekannter Federkonstante C, und die Auslenkung ist wiederum linear abhängig vom Abstand a zur neutralen Schicht.

Im Moment des Bruches weist die äußerste, maximal gedehnte Faser die Dehnung $D = D_{max}$ auf. Die anderen Fasern weisen je nach Abstand a von der neutralen Schicht die Dehnung $D_{max}\dfrac{a}{h/2}$. Dies ergibt bei Balkenbreite b und Höhe h das Bruchbiegemoment

$$M_b(b,h) = b \int_{-h/2}^{h/2} a f(D(a))\mathrm{d}a = b \int_{-h/2}^{h/2} a f\left(\frac{D_{max}a}{h/2}\right)\mathrm{d}a$$

$$= b \int_{-h/2}^{h/2} aC\frac{D_{max}a}{h/2}\,\mathrm{d}a = bC\frac{D_{max}a}{h/2}\left.\frac{a^3}{3}\right|_{-h/2}^{h/2} = \frac{CD_{max}}{6}bh^2.$$

Dieses Biegemoment muss von außen aufgewendet werden, um den Balken zu biegen. In Bruchexperimenten misst man das äußere Biegemoment, ab dem ein Balken der Breite b und Höhe h bricht.

Die äußersten Fasern sind dann der Spannung

$$CD_{max} = \frac{6M_b(b,h)}{bh^2} =: \sigma$$

ausgesetzt. σ heißt daher auch Bruchspannung und ist eine Materialkonstante. $\sigma = 130\,kp/cm^2$ ist ein typischer Wert für Bauholz. Aus ihr lässt sich auch die Belastbarkeit eines anderen rechteckigen Balkens gleichen Materials bestimmen.

$$M_b(B,H) = \frac{CD_{max}}{6}\,BH^2$$

Eine Verdoppelung der Sparrenhöhe vervierfacht also bei gleicher Breite das Bruchbiegemoment. Dieses Ergebnis könnte bereits Abschluss eines kleinen Modellierungsprojektes sein.

7.1.2 Nichtlineares Federmodell

Sind die Holzfasern nichtlineare Federn, so befindet sich die neutrale Schicht kurz vor dem Bruch nicht notwendigerweise in der Mitte. Das Verhältnis $s/(h{-}s)$ ist aber, bei gleichem Werkstoff, unabhängig von der Höhe des Balkens stets das gleiche. Dies erkennt man, wenn man zwei Balken unterschiedlicher Höhe h kurz vor dem Bruch vergleicht. Dabei haben die äußersten Fasern jeweils die gleiche Dehnung D_{max}. In Abbildung 7.2 erkennt man, dass nur dann jeweils der gleiche Anteil der Fasern die gleiche Dehnung besitzen (schattierter Bereich), wenn $s/(h{-}s) = s'/(h'{-}s')$. Halten sich daher die anziehenden und abstoßenden Kräfte bei einem Balken kurz vor dem Bruch für ein spezielles Verhältnis $s/(h{-}s))$ die Waage (sonst wird die ganze Faser gestreckt oder gestaucht), so tun sie das bei einer anderen Höhe h' nur bei gleichem Verhältnis $s'/(h'{-}s')$.

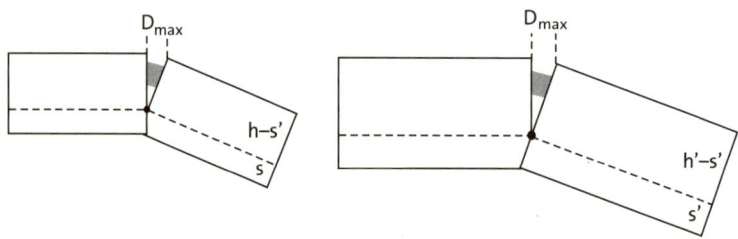

Abb. 7.2: Lage der neutralen Schicht

Für das Bruchbiegemoment gilt dann:

$$M_{\mathrm{b}}(b,h) = b \int\limits_{-s}^{h-s} af(D(a))\mathrm{d}a = b \int\limits_{-s}^{h-s} af\left(\frac{D_{\max}a}{h-s}\right)\mathrm{d}a$$

und man definiert wieder die Bruchspannung

$$\sigma := \frac{6M_{\mathrm{b}}(b,h)}{bh^2} = \frac{6}{h^2} \int\limits_{-s}^{h-s} af\left(\frac{D_{\max}a}{h-s}\right)\mathrm{d}a.$$

Sie entspricht nun aber nicht mehr einer Maximalbelastbarkeit der Fasern, ist also keine reine Materialkonstante, sondern profilabhängig. Dies gilt nur im Fall Hook'scher Federcharakteristik. Für das Bruchbiegemoment eines rechteckigen Balkens mit anderem Querschnitt gilt:

$$M_{\mathrm{b}}(B,H) = B \int\limits_{-S}^{H-S} af(\bar{D}(\alpha))\mathrm{d}\alpha$$

$$= B \int\limits_{-S}^{H-S} af\left(\frac{D_{\max}\alpha}{(h-s)\frac{H}{h}}\right)\mathrm{d}\alpha.$$

Mit $\alpha = a\frac{H}{h} \Rightarrow \mathrm{d}\alpha = \frac{H}{h}\,\mathrm{d}a$ und $S = s\frac{H}{h}$ gilt:

$$M_{\mathrm{b}}(B,H) = B \int\limits_{-Sh/H}^{(H-S)h/H} a\frac{H}{h}f(D_{\max}\,a\frac{H}{h}/((h-s)H/h))\frac{H}{h}\,\mathrm{d}a$$

$$= \frac{BH^2}{bh^2}b\int\limits_{-s}^{h-s} af\left(\frac{D_{\max}a}{h-s}\right)\mathrm{d}a$$

$$= \frac{BH^2}{bh^2}M_{\mathrm{b}}(b,h) = \frac{\sigma}{6}BH^2.$$

Selbst wenn das Modell einer Hook'schen Feder also nicht gilt und die Bruchspannung σ mit der Zerreißkraft einer Faser nichts zu tun hat, erhält man aus σ und der Formel für Hook'sche Federn eine exakte Vorhersage darüber, wann ein Balken mit rechteckigem Querschnitt bricht. Vorhersagen über Balken mit anderem Querschnitt sind dagegen so nicht möglich.

Das Biegemoment eines rechteckigen Balkens kurz vor dem Bruch ist also proportional zu h^2b, eine mit der Holzsorte abhängige Konstante. Dies erklärt, wieso Tragbalken oft wesentlich höher sind als breit.

Bei konstantem Holzeinsatz (hb konstant) kann man daher scheinbar eine beliebig hohe Biegesteifigkeit erreichen, wenn man h groß und b klein wählt. Allerdings kommt es dann zu einem Verwinden (Ein hochkant gestellter Papierstreifen wäre kein stabiler Balken). Die Verwindung eines

Balkens ist mathematisch aber sehr schwer in den Griff zu bekommen, und man dimensioniert die Breite daher stets sehr großzügig. Man wählt also eine Mindestbreite, die Verwindungen des Balkens auf jeden Fall ausschließen und wählt dann nur noch *h* entsprechend der Belastung.

(Ein weiterer Grund für eine Mindestbreite ist, dass ein Tragbalken z. B. Feuer eine gewisse Zeit überstehen muss.)

7.2 Äußeres Biegemoment durch die Dachlast

Hat man das Biegemoment berechnet, das ein Balken aushält, benötigt man nun das Biegemoment, dem er standhalten muss, wenn er belastet wird. Es sei z. B. einer gleichmäßig verteilten Last von 4000N/m² standzuhalten.

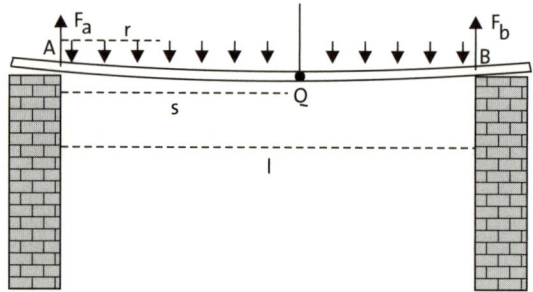

Abb. 7.3: Biegemoment bei gleichmäßiger Dachlast

Eine gleichmäßig verteilte Last L erfordert aus Symmetrie an den beiden Auflagepunkten A und B die gleiche Auflagekraft $F_a = F_b = L/2$. Ist ein Punkt Q in Ruhe, so wirken auf ihn äußere Hebelkräfte durch die Last und die beiden Auflagekräfte, die sich mit den inneren Biegemomenten kompensieren. Übersteigen die äußeren Momente im Punkt Q das Bruchbiegemoment des Balkens, so bricht er.

Alle Kräfte links von Q erzeugen zusammen ein Drehmoment M_l, die Kräfte rechts von Q analog ein Drehmoment M_r. Im Fall $M_l = -M_r \neq 0$ biegt sich der Balken in Q. Das äußere Biegemoment im Punkt Q ist dabei $|M_r| = |M_l|$. (Im Fall $M_l \neq -M_r$ dreht sich der Balken um Q.)

Wir berechnen also wahlweise $|M_r|$ oder $|M_l|$.

$$M_r = sFa - \int_0^s (s-r)\frac{L}{l}\,dr = \frac{sL}{2} - \frac{L}{2l}s^2 = \frac{L}{2l}s(l-s)$$

Der kritischste Punkt in der Mitte ($s = l/2$) ist also einem Biegemoment von $lL/8$ ausgesetzt. Da die Last L bei gleichem Belastungsdruck ebenfalls linear von der Länge eines Sparrens abhängt, wächst das maximale Biegemoment quadratisch mit der Länge l. Bei fester Breite muss also bei doppelter Länge auch die Höhe verdoppelt werden.

Allgemein muss man an jedem Punkt Q fordern: äußeres Biegemoment kleiner als inneres Bruchbiegemoment bzw.:

$$\frac{L}{2l}s(l-s) < M_b(B,H) = \frac{\sigma}{6}BH(s)^2$$

also

$$H(s) > \sqrt{\frac{6}{B\sigma}\frac{L}{2l}s(l-s)} = l\sqrt{\frac{3L}{B\sigma l}}\ \sqrt{\frac{s}{l}\frac{(l-s)}{l}} \le \frac{l}{2}\sqrt{\frac{3L}{B\sigma l}}$$

Beispiel Wohnraum: $10 \times 4,5$ m, $L = 4000$ N/m$^2 \cdot 4,5$ m $\cdot 10$ m, 12 Sparren der Breite 0,1 m, $B = 12 \cdot 0,1$ m; $l = 4,5$ m, $\sigma = 130$ kp/cm$^2 = 12\,753\,000$ N/m^2

$$H(s) = l\sqrt{\frac{3L}{B\sigma l}}\ \sqrt{\frac{s(l-s)}{l^2}}$$

$$= 4,5\ \text{m}\ \sqrt{\frac{3\cdot 4000\ \text{N/m}^2 \cdot 4,5\ \text{m}\cdot 10\ \text{m}}{12\cdot 0,1\ \text{m}\cdot 1275300\ \text{N/m}^2 \cdot 4,5\ \text{m}}}\ \sqrt{\frac{s(l-s)}{l^2}}$$

$$= 0,0886\ \sqrt{\frac{s(l-s)}{l^2}} \le 19,93\ \text{cm}$$

D. h., es gilt die Ellipsengleichung:

$$\left(\frac{H(s)}{0,0886}\right)^2 + \left(s-\frac{l}{2}\right)^2 = \left(\frac{l}{2}\right)^2$$

Abbildung 7.4 zeigt das Minimalhöhenprofil für den Wohnraum.

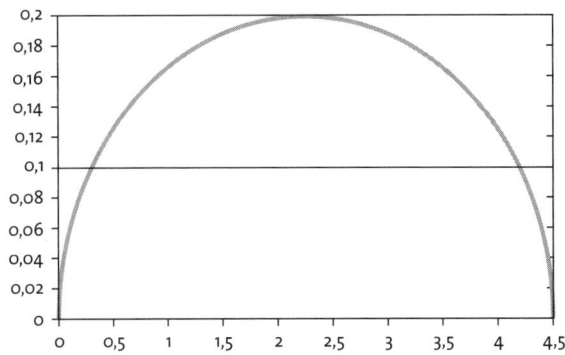

Abb. 7.4: Minimales Höhenprofil

Der Sparren sollte in der Mitte also fast 20 cm hoch sein. Die vorhandenen Sparren von 10 cm Höhe sind daher zu schwach. Am Rand dürfte die Höhe sogar 0 sein, da hier kein Biegemoment wirkt. Allerdings wirken auch Scherkräfte, sodass (wie bei der Breite) auch eine gewisse Mindesthöhe $h_0 \ll h$ erforderlich ist. (Bei Fachwerkhäusern sieht man häufig, dass die Höhe der Balken an den Enden halbiert wird, um eine einfachere Verbindung zu ermöglichen. Die Stabilität ist an den Enden nicht kritisch.)

Eine Verstärkung der Höhe auf 20 cm ist also nicht auf ganzer Länge nötig. Dies kann wichtig sein, wenn Holz gespart werden oder das Gewicht des Sparrens selbst reduziert werden soll.

Bei der nachträglichen Verstärkung bereits in Betrieb befindlicher Häuser ist besonders wichtig, dass im Mauerbereich keine Verstärkung notwendig ist und daher auch keine Mauerarbeiten notwendig werden. Die Verstärkung kann von unten oder oben an den bereits existierenden Balken angeschraubt werden. Die Verbindung von Balken und Verstärkung muss aber extrem fest sein und darf insbesondere auch kein Verschieben erlauben. Sonst ist die Wirkung wesentlich geringer (Zwei aufeinander gelegte Bretter tragen nur doppelt soviel, ein doppelt dickes Brett dagegen viermal soviel.). Hier genügt die vorhandene Höhe von 10 cm in etwa 30 cm breiten Randzonen. In der Mitte sollten die Sparren auf 20 cm verstärkt werden.

In der Modellierungswoche erhielten die Schüler weitgehend ohne Hilfe im Wesentlichen die hier beschriebene Lösung. Eine starke Hilfe, die sie aber nicht benötigten, wären Abbildungen und der Hinweis, damit die Gleichgewichte aller Kräfte und Momente zu formulieren.

8. Strategien beim Einzelzeitfahren

Dynamisches Modell beim Einzelzeitfahren

Große Fahrradrennen werden oft im Einzelzeitfahren entschieden. Die 19. Etappe der Tour de France 2003 war ein solches Einzelzeitfahren über 49 km von Pornic nach Nantes mit folgendem Streckenprofil:

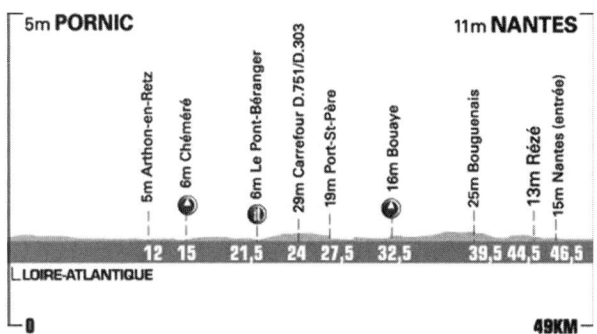

Abb. 8.1: 19. Etappe der Tour de France 2003, Einzelzeitfahren

Quelle: http://www.letour.fr/2003/de/index.html

Siegentscheidend ist dabei oft die Krafteinteilung und die richtige Kettenblattwahl.

Aufgabe   Zur Entwicklung einer optimalen Strategie der Krafteinteilung sollen Vorstudien betrieben werden, aus denen hervorgeht, welche Strategien prinzipiell in Frage kommen.

8.1 Das Modell

8.1.1 Vorteil der allgemeinen Aufgabenstellung

Für die Lösung der Aufgabe im Falle eines speziellen konkreten Fahrers und einer konkreten Strecke wären eine Unmenge an Daten und Parametern zu bestimmen. Das Modell müsste dann ja den Anspruch erheben, die Situation nicht nur qualitativ, sondern auch quantitativ gut zu beschreiben. Als Vorstudie ist der Anspruch ein ganz anderer. Es braucht nur gezeigt werden, dass man bei Kenntnis des exakten Fahrermodells und des exakten Streckenprofils durch Simulation und Optimierung nichttriviale Strategien entwickeln kann. Das Funktionieren dieser Vorgehensweise kann man auch an einem fiktiven Fahrer nachweisen, wenn er nur einigermaßen die typischen Merkmale eines realen Fahrers aufweist.

Dadurch kann man beim Modellieren der Phantasie weitgehend freien Lauf lassen, braucht nur plausible Modelle konstruieren und muss keine Parameter bestimmen und an Messreihen anpassen. Das Modell ist ohnehin schon kompliziert genug, da sowohl die fahrdynamischen Eigenschaften eines Radfahrers als auch der Energiehaushalt des Fahrers simuliert werden müssen.

8.1.2 Fahrdynamisches Modell

Bei der Aufstellung eines dynamischen Modells gibt es eine typische Vorgehensweise. Als Erstes müssen die für das System entscheidenden Zustandsgrößen, Parameter und Konstanten bestimmt werden.

Zustandsgrößen sind für die Fahrdynamik: Ort und Geschwindigkeit des Fahrers, für den Energiehaushalt: Kraftreserven verschiedener Art.

Wenn man weiß, welche Kraft F_a der Fahrer zu jedem Zeitpunkt einsetzt, lässt sich damit schon das fahrdynamische Modell aufstellen.

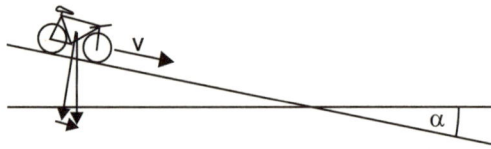

Ein Fahrrad mit Masse m rollt auf einer abschüssigen Fahrbahn mit Neigungswinkel α. Dann gilt für die beschleunigende Kraft des Schwerpunkts

$$F_{ges} = mg \sin \alpha - \mu mg \cos \alpha - \frac{1}{2} \rho c_w A v^2 \qquad (8.1.1)$$

mit Erdbeschleunigung g, Rollreibung μ, Stirnfläche A, Luftwiderstandsbeiwert c_w und Luftdichte ρ.

Es fehlt dann nur noch die vom Fahrer erzeugte Antriebskraft F_a. Ist sie bekannt, so gilt (Kraft = Masse x Beschleunigung):

$$\dot{v} = \frac{d}{dt} v(t) = \frac{F_a + F_{ges}}{m}$$

und für den zurückgelegten Weg x (von oben gesehen)

$$\dot{x} := v \cos \alpha.$$

Typische fahrdynamische Parameter	
Rollwiderstandsbeiwert	$\mu = 0{,}003$
Luftwiderstandsbeiwert Radfahrer	$c_w A = 0{,}39 \ \mathrm{m}^2$
Erdbeschleunigung	$g = 9{,}81 \ \mathrm{ms}^{-2}$
Masse des Fahrers mit Rad	$m = 80 \ \mathrm{kg}$
Luftdichte bei Normaltemperatur	$\rho = 1{,}2 \ \mathrm{kgm}^{-3}$

8.1.3 Fahrermodel

Das Fahrermodel besteht aus 2 Teilen. Der erste Teil findet im Inneren des Fahrerkörpers statt und umfasst seinen Krafthaushalt. Der zweite beschreibt, wie die Energie, welche der Fahrer aufwendet, in Vortriebskraft umgesetzt wird.

Für den zweiten Teil nehmen wir vereinfachend an, der Fahrer fährt unabhängig von seiner Momentanleistung immer am effizientesten in einer speziellen, für ihn typischen, Frequenz. Bei doppelter Geschwindigkeit wählt er daher eine kleinere Übersetzung (stärkere Untersetzung). Er hat damit einen um den Faktor 2 schlechteren Hebel und die Kraft, die durch die Tretarbeit vom Fahrradmantel auf die Straße übertragen wird, ist bei gleichem Pedaldruck nur noch halb so groß.

Bei gleicher Leistung P des Fahrers (gleicher Pedaldruck bei gleicher Tretfrequenz) ist die auf die Straße gebrachte Kraft also bei hohen Geschwindigkeiten v kleiner. Es gilt:

$$F_a = \frac{P}{v}$$

Für ein Rennen ist nun entscheidend, an welchen Stellen der Fahrer seine Energiereserven einsetzen soll. Ist diese Entscheidung getroffen, so sind die Geschwindigkeiten bekannt, die der Fahrer in jedem Streckenabschnitt fahren will und das Rad kann dann mit den notwendigen Kettenblättern ausgerüstet werden, damit der Fahrer auch tatsächlich in seinem optimalen Frequenzbereich fahren kann.

Komplizierter ist das Energiehaushaltsmodell:
Einen Radfahrer mit einem Rennauto zu vergleichen, das mit einem vollen Tank an den Start geht, ist zu einfach. Radfahren ist eine Ausdauersportart, bei der die Fahrer verschiedene Energiedepots angreifen. Sie können erschöpfen und regenerieren, ohne zu tanken.

Das Modell kann dennoch sehr frei entworfen werden, da es ohnehin einen konkreten Fahrer nicht beschreiben wird. Es soll vielmehr gezeigt werden, dass bei einem typischen Fahrer, Strategien entworfen werden können, wenn man dessen charakteristische Daten kennt. Ein Fahrer ist dabei typisch, wenn er die wichtigsten Eigenschaften eines Fahrers qualitativ enthält.

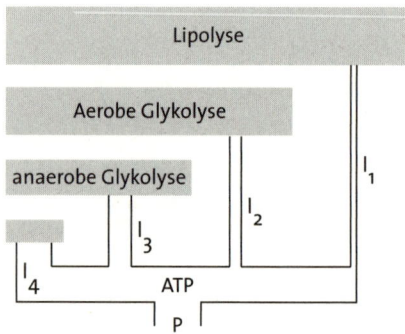

Abb. 8.2: Fahrermodel mit 4 Kraftdepots

Je nach Fahrer, dessen Trainingszustand und Vorbelastung, kann man etwa mit einem Modell mit 4 Energieressourcen arbeiten. Dabei ist das größte Reservoir (Fett) nahezu unerschöpflich, liefert aber nur beschränkt viel Energie. Kurzfristig sehr viel Energie erhält man durch anaerobe Glykolyse, etwas weniger Energie, jedoch für längere Zeit, durch aerobe Glykolyse. Zusätzlich gibt es noch für Notfälle kleine Energiereserven, die extrem schnell, aber auch nur extrem kurz verfügbar sind. Ist ein Energievorrat erschöpft, so kann er aus den anderen wieder aufgefüllt werden.

Wir nehmen an, dass dies stets so geschieht, dass die kurzfristig verfügbaren Energiequellen so weit es geht aufgefüllt werden, und dass dies ohne Verlust geschieht.

Sind $E_1 > E_2 > E_3 > E_4$ die Energiereserven der gefüllten Kraftquellen, $e_i(t)$ die tatsächlichen Energiereserven zur Zeit t, $L_1 > L_2 > L_3 > L_4$ die maximale verfügbare Leistung und l_i die tatsächlich entnommene Leistung zur Zeit t mit $|l_i| \le L_i$, dann gilt bei gewünschter Leistung P:

$$\dot{e}_i(t) = l_i$$

$$l_1 = \begin{cases} L_1 & \text{, falls } (E_2 - e_2) + (E_3 - e_3) + (E_4 - e_4) > 0 \\ \min\{L_1, P\} & \text{sonst} \end{cases}$$

$$l_2 = \begin{cases} L_2 & \text{, falls } (E_3 - e_3) + (E_4 - e_4) > 0 \\ \min\{L_2, P - L_1\} & \text{sonst} \end{cases}$$

$$l_3 = \begin{cases} L_3 & \text{, falls } (E_4 - e_4) > 0 \\ \min\{L_3, P - L_1 - L_2\} & \text{sonst} \end{cases}$$

$$l_4 = \min\{L_3, P - L_1 - L_2 - L_3\},$$

d. h., sobald ein Energiespeicher nicht gefüllt ist $E_j - e_j > 0$, werden alle Energiespeicher mit kleinerem Index maximal entleert, um ihn wieder aufzufüllen. Dabei sei:

$$L_j > \sum_{i=1}^{j-1} L_i \,,$$

d. h., der Energiespeicher j kann alles aufnehmen, was die Energiespeicher mit kleinerem Index liefern können. Für die tatsächliche Leistung P gilt dann:

$$P = l_1 + l_2 + l_3 + l_4.$$

Vereinfachung: Da es nur darum geht die prinzipielle Möglichkeit einer Optimierung nachzuweisen, beginnt man mit einem Modell, das nur 2 Tanks berücksichtigt.

$$l_1 = \begin{cases} L_1 & \text{, falls } (E_2 - e_2) > 0 \\ \min\{L_1, P\} & \text{sonst} \end{cases}$$

$$l_2 = \min\{L_2, P - L_1\}$$

Für einen guten Sportfahrer kann man etwa folgende Werte abnnehmen:

Fahrspezifische Parameter		
Tank	maximale Leistung	maximales Volumen
1	200 W	unbegrenzt
2	300 W	540000 J

Er kann also maximal 500 Watt leisten.

8.1.4 Streckenmodell

Auch bei der Rennstrecke wählen wir uns eine Strecke, die möglichst einfach ist, aber interessante Aussagen erwarten lässt.

Bei einer ebenen Strecke, würde man erwarten, dass eine konstante Geschwindigkeit optimal ist. Dies ist am Anfang nicht zu erreichen, sodass man hier mit einem kleinen Startspurt rechnen muss. Ebenso ist es nicht optimal, viel Energie ungenutzt ins Ziel zu nehmen. Dass heißt, Tank 2 ist im Ziel leer.

Ungenutzt ist aber auch die kinetische Energie, mit der man ins Ziel kommt. Es könnte daher optimal sein, gegen Ende des Rennens die Geschwindigkeit niedriger zu halten, und dafür vorher schneller zu fahren.

Interessanter wird die Sache, wenn Berge dazukommen. Beim Anstieg arbeitet man gegen den Hangabtrieb und es liegt nahe, diese Zeit so kurz wie möglich zu halten und den Berg hinaufzuspurten. Aus Erfahrung kennt man aber eine andere Strategie, unabhängig von der Steigung immer mit gleicher Leistung zu fahren und einfach einen anderen Gang zu wählen.

Ein interessantes Streckenprofil zeigt Abb. 8.3:

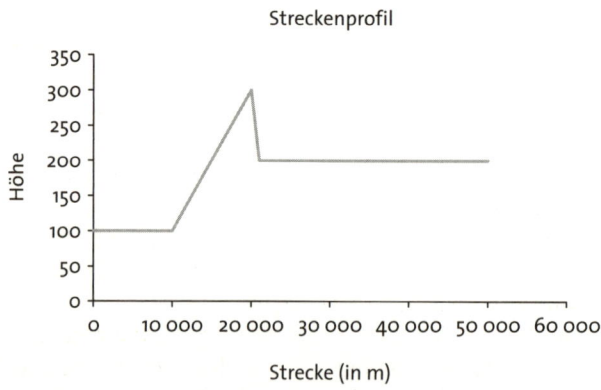

Abb. 8.3: Streckenprofil

Mögliches Streckenprofil

Entfernung vom Start in m	0	10 000	20 000	21 000	50 000
Höhe in m	100	100	300	200	200

8.2 Simulation

Um die Differentialgleichung zu simulieren, bedienen wir uns des Eulerverfahrens (vgl. Kapitel 1.3). Für eine vermutete Renndauer von etwa 6000 Sekunden berechnen wir im Sekundentakt die Zustände Ort, Geschwindigkeit, Füll-Level von Tank 2. Dazu geben wir uns die Leistung $P(t)$ vor, die der Fahrer zu jeder Zeit leisten soll. Dann gilt für kurze Zeitintervalle Δt:

$$e_2(t + \Delta t) \approx e_2(t) + \Delta t P(t)$$

$$F_a(t) = \frac{P(t)}{v(t)}$$

$$F_{ges}(t) = mg \sin \alpha(x(t)) - \mu mg \cos \alpha(x(t)) - \frac{1}{2} \rho c_w A v(t)^2$$

$$v(t + \Delta t) \approx v(t) + \Delta t \frac{F_a(t) + F_{ges}(t)}{m}$$

$$x(t + \Delta t) \approx x(t) + \Delta t v(t) \sin \alpha(x(t)).$$

Sind x, v und e_2 zu Beginn bekannt, können sie durch diese Rekursion für die ganze Zeitdauer approximiert werden. Dabei kann der Steigungswinkel α abhängig von x aus dem Streckenprofil entnommen werden. Die optimale Strategie führt zu einer zeitabhängigen Leistungsfunktion $P(t)$.

Bei hohen Genauigkeitsanforderungen und sehr guten Modellen ist $P(t) = A$ z. B. die zur Zeit t aufgewendete Arbeit und damit eine zeitabhängige Funktion. Das Optimierungsproblem über dem Raum der möglichen Steuerfunktionen ist dann ein so genanntes Optimalsteuerungsproblem. Bei ohnehin sehr ungenauen Modellen wie dem hier vorliegenden und einer Problemstellung, die nur auf eine Aussage abzielt, ob man durch Simulation wesentliche Verbesserungen erzielen kann, genügt es, die Strategie für einfache Streckenprofile stückweise konstant zu approximieren. Dabei kann man durch die Anzahl der Teilstrecken, in denen konstant gesteuert wird, die Genauigkeit noch beliebig steigern.

Eine einzige Teilstrecke würde der Strategie entsprechen, die ganze Strecke mit stets konstanter Leistung zu absolvieren. Die genaue Höhe dieses Arbeitseinsatzes ergäbe sich dann aus der Bedingung $e_2(t) = 0$ am Ende der Strecke.

Eine zweite Teilstrecke etwa am Ende würde es erlauben einen Endspurt zu simulieren. Variabel wären dann der Arbeitseinsatz in beiden Teilstrecken sowie der Zeitpunkt des Spurtbeginns.

Ähnlich könnte man an markanten Stellen Zwischenspurts einbauen. Dies könnte z. B. ein kleiner Anstieg sein, für den ein drittes Teilstück eingeführt werden könnte.

Stellt es sich während der Simulation und Optimierung heraus, dass ein geplanter Zwischenspurt an der geplanten Stelle kaum etwas bringt, kann man ihn auch wieder eliminieren oder an anderer Stelle versuchen. Erzielt man dagegen durch den Zwischenspurt eine deutliche Verbesserung, so kann man den Spurt sogar in mehrere (zunächst 2) Teilstrecken aufspalten, um zu testen, ob eine noch variablere Strategie in dem betrachteten Zeitintervall weitere Gewinne bringt.

Durch diesen ständigen Wechsel zwischen Optimierung durch Simulation und Neuformulierung des Problems (Teilstreckenaufteilung) kann man vermeiden, dass Optimierungsprobleme mit zu vielen Parametern auftreten, für die sonst spezielle Software erforderlich wäre. Im vorliegenden Fall kann mit eindimensionaler Liniensuche, also durch „drehen" an einzelnen Parametern bereits gut optimiert werden.

An Stelle des vorgegebenen Streckenprofils einer Etappe der Tour de France 2003 wählt man auch zunächst besser einfache elementare Profile, z. B. aus Gerade oder Anstieg-Gerade oder Gerade-Anstieg-Gerade oder Gerade-Anstieg-Abfahrt-Gerade. Bei komplizierteren Profilen lässt sich eine erste Strategie dann zunächst näherungsweise aus Strategien für die elementaren Profile zusammensetzen und dann weiter optimieren.

Wir nähern uns also dem Optimum, indem wir uns auf stückweise konstante Leistung beschränken. Dies kann nicht so falsch sein, da zumindest im Freizeitbereich viele Tourenfahrer gerade die Strategie gleichmäßiger Leistung verfolgen.

Wir wollen aber die Effizienz eines Spurts testen, indem wir bei dem gegebenen Streckenprofil 6 Intervalle unterschiedlicher Leistung zulassen.

Eine mögliche intuitive Aufteilung ist: Startspurt (zum Erreichen der Reisegeschwindigkeit) – Reisephase bis zum Berg – Spurt am Berg (um Hangabtrieb kurz zu halten) – Ausruhphase beim Bergabfahren – Reisephase – Zieleinlauf.

Als Referenzstrategie wählen wir die konstante Leistung. Hier erreicht der Fahrer mit einer Dauerleistung von 311,39 Watt nach 4848 Sekunden das Ziel.

Das Geschwindigkeitsprofil in Abb. 8.3 spiegelt dabei im Wesentlichen das Steigungsprofil mit zusätzlichen Einschwingphasen wieder.

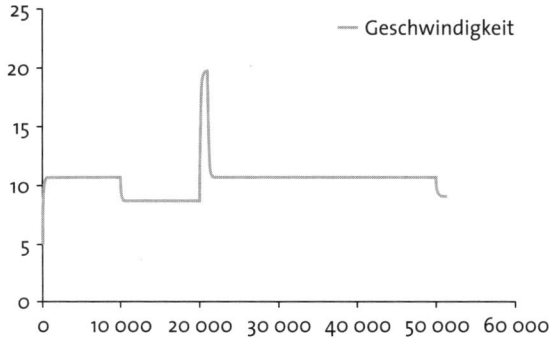

Abb. 8.4: Geschwindigkeitsprofil bei konstanter Leistung

Die Optimierung der 6 Phasen, d. h., der Längen und der Leistungen, wurden in Excel mit Schiebereglern durchgeführt (vgl. Kapitel 1.1) Dabei erreichte man bei folgender Strategie eine Zeit von 4793 s, also eine Zeitersparnis von 55 Sekunden.

Mögliches Streckenprofil

Phase	von	bis	Leistung	Gesamtstrecke
1	0 s	11 s	500 W	89 m
2	11 s	964 s	289 W	10015 m
3	964 s	1913 s	450 W	19872 m
4	1913 s	2012 s	21 W	21219 m
5	2012 s	4776 s	284 W	49825 m
6	4776 s	4793 s	200 W	50000 m

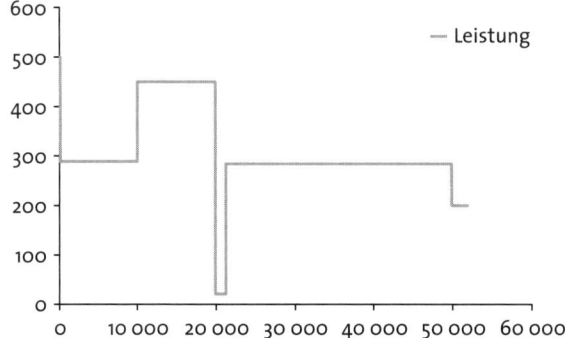

Abb. 8.5: Optimiertes Leistungsprofil

Bemerkenswert ist, dass ein Endspurt tasächlich kontraproduktiv ist (Phase 6 lieber mit geringer Leistung). Die Energie wird besser vorher investiert. Hat man freilich am Ende des Rennens unvermutet noch Reserven, ist ein Spurt gerechtfertigt. Er zeigt aber Fehler bei der Rennplanung auf.

Weiter fällt auf, dass es zwar zu einem Spurt am Berg kommt, aber nicht mit maximaler Leistung (< 500 Watt). Offensichtlich wird dann der Luftwiderstand zu groß.

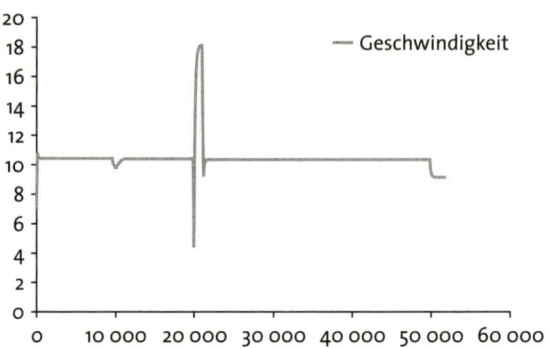

Abb. 8.6: Geschwindigkeitsprofil bei optimierter Strategie

Das Geschwindigkeitsprofil zeigt, dass eine optimale Strategie zu etwa konstanter Geschwindigkeit führt. Bei Abfahrten wird allerdings die Geschwindigkeit sehr hoch und ebenfalls der Luftwiderstand, was man dadurch mildert, dass man bereits kurz vor Erreichen der Bergkuppe die eigene Leistung drosselt. Bei optimaler Strategie kommt es aber im Vergleich zu den Spitzen nur zu geringen Absenkungen der Geschwindigkeit.

Dies lässt sich zusammenfassen zu folgender Regel: Man versuche eine konstante Geschwindigkeit zu halten (Spurt am Berg) und nehme dabei Spitzen bei der Abfahrt in Kauf. Ein wenn auch nur kurzzeitiges starkes Absenken der Geschwindigkeit ist zu vermeiden.

Nach Möglichkeit eine konstante Geschwindigkeit zu fahren, ist also das Ziel einer optimalen Strategie. Hier scheint der Luftwiderstand die entscheidende Rolle zu spielen. Er bestraft rigoros zu hohe Geschwindigkeiten. Dagegen scheint der Hangabtrieb keine Rolle zu spielen. Dies ist im Nachhinein auch plausibel.

Der Hangabtrieb wirkt während eines Anstiegs der Länge s gegen den Fahrer. Bei konstanter Geschwindigkeit frisst er daher die Energie:

Energie = Leistung · Zeit = Kraft · v · Zeit

$$mg \sin(\alpha)\, v \frac{s}{v} = mg \sin(\alpha)\, s.$$

Sie hängt also nicht von der Geschwindigkeit ab. Es lohnt sich also nicht, die Geschwindigkeit zu ändern, um auf den Hangabtrieb zu reagieren. Entscheidend ist der Luftwiderstand.

Noch interessanter ist ein Berg erst dann, wenn er so steil ist, dass auch bei maximalem Einsatz die Geschwindigkeit abfällt. Dann kann sich ein Spurt kurz vor Beginn des Anstiegs lohnen.

Bemerkung: Für eine erfolgreiche Simulation und Optimierung wesentlich ist, dass man sich schon vorher sehr gut überlegt, welche Profile interessante Strategien erzeugen könnten.

Ausgangspunkt sollte eine Strategie mit konstanter Leistung sein. In Excel wählt man dabei in einer Spalte P_0 als Basisleistung und in der Spalte daneben Zusatzleistungen $\Delta P = 0$. Bei der Simulation rechnet man dann in jedem Schritt mit $P = P_0 + \Delta P$. Nun kann man sehr leicht an einer Stelle ΔP erhöhen und gleichzeitig an anderer Stelle ΔP absenken. Beobachtet man dabei die resultierende Zeit, so findet man schnell Zeitpunkte, an denen sich Energieeinsatz mehr lohnt als an anderer Stelle.

8.3 Energiesparen bei der Eisenbahn

Eine ähnliche Fragestellung tritt bei der Energieoptimierung bei der Eisenbahn auf. Das Fahrermodell entfällt hierbei, d. h. man hat es nur mit dem fahrdynamischen Modell zu tun und muss die Leistung des Triebwagens $0 \leq P(t) \leq P_{max}$ optimal wählen.

Züge fahren nach Fahrplan mit gewissen Zeitreserven, die genutzt werden können, um kleine Verspätungen aufzuholen oder trotz kleiner Störungen rechtzeitig anzukommen. Im Normalfall kann der nächste Zielbahnhof meist einige Minuten vor Fahrplan erreicht werden.

Aufgabe Wie kann man bei störungsfreier Fahrt die Zeitreserven zum Energiesparen nutzen und dennoch pünktlich ankommen?

9. Rangierhilfe für einen Lkw

Das Rückwärtseinparken in einen engen Hof ist für Lkws mit 2-achsigem Anhänger ein sehr schwieriges Manöver. Viele Lieferorte werden daher mit Anhänger gar nicht erst angefahren. Das Ziel ist daher, eine computerunterstützte Rangierhilfe zu entwickeln. Es wird angenommen, dass durch GPS und Abstandssensoren ein Bild der Umgebung und die eigene Position bekannt sind. Dies wird auf ein Display im Fahrerhaus projeziert. Der Fahrer markiert mit der Maus die gewünschte Zielposition seiner Anhängerheckklappe. Die Rangierhilfe berechnet dann die nötigen Lenkbefehle.

Die Befehle müssen einfach zu befolgen sein und kleine Fehler bei der Ausführung müssen korrigiert werden können. In Frage kommen Anweisungen, die Lenkstellung für einige Zeit (1 m) konstant zu halten.

9.1 Simulation der Fahrlinien

Bevor eine Lenkstrategie entwickelt werden kann, muss bei vorgegebener Lenkeinstellung die Bewegung des Lkws simuliert werden können.

Die erste Abstraktion ist, zu zeigen, dass es genügt, die Positionen der Achsen bzw. ihrer Mittelpunkte zu kennen, um die Position des gesamten Zuges zu kennen. Die Steuermöglichkeit besteht in der Radstellung der Frontachse, die man als Winkel α_1 gegenüber der Längsachse des Zugfahrzeuges messen kann. α_1 ist dann üblicherweise beschränkt, z. B.:

$$-\pi/4 \leq \alpha_1 \leq \pi/4$$

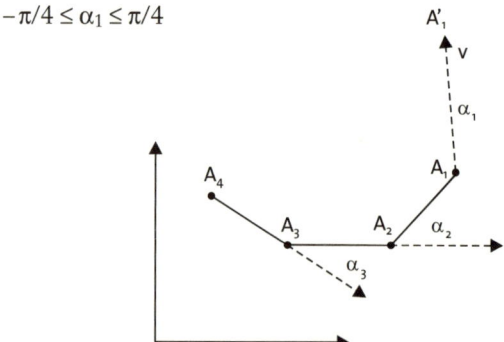

Simuliert wird vorerst nur die Bewegung der 4 Achsmittelpunkte A_1-A_4. Werden diese weit genug um Hindernisse herumgesteuert, kommt es auch zu keinen Kollisionen. Jeder Achsmittelpunkt ist gegeben durch 2 Koordinaten $A_i = (x_i, y_i)^T$. Der Frontachsmittelpunkt A_1 wird durch den Fahrer direkt gesteuert. Dazu dient der Lenkwinkel α_1 und die Geschwindigkeit v. Sowohl bei Vorwärts- als auch bei Rückwärtsfahrt bewegen sich die Punkte A_{i+1} immer direkt auf A_i zu bzw. von A_i weg, also in Richtung der Strecke $A_i A_{i+1}$. Dabei müssen natürlich die Abstände bewahrt werden und es gilt:

$$\dot{A}_1 = v \cos \alpha_1 \frac{A_1 - A_2}{\|A_1 - A_2\|} + v \sin \alpha_1 \begin{bmatrix} 0 & -1 \\ 1 & 0 \end{bmatrix} \frac{A_1 - A_2}{\|A_1 - A_2\|}$$

$$= \begin{bmatrix} (x_1 - x_2) \cos \alpha_1 + (y_2 - y_1) \sin \alpha_1 \\ (y_1 - y_2) \cos \alpha_1 + (x_1 - x_2) \sin \alpha_1 \end{bmatrix} \frac{v}{\sqrt{(x_1 - x_2)^2 + (y_1 - y_2)^2}}$$

$$\dot{A}_2 = v \cos \alpha_1 \frac{A_1 - A_2}{\|A_1 - A_2\|}$$

$$\cos \alpha_2 = \frac{(A_2 - A_1)^T (A_3 - A_2)}{\|(A_2 - A_1)\| \, \|(A_3 - A_2)\|}$$

$$\dot{A}_3 = v \cos \alpha_1 \cos \alpha_2 \frac{A_2 - A_3}{\|A_2 - A_3\|}$$

$$\cos \alpha_3 = \frac{(A_3 - A_2)^T (A_4 - A_3)}{\|(A_3 - A_2)\| \, \|(A_4 - A_3)\|}$$

$$\dot{A}_4 = v \cos \alpha_1 \cos \alpha_2 \cos \alpha_3 \frac{A_3 - A_4}{\|A_3 - A_4\|}$$

bei kurzen Fahrstrecken der Länge $\Delta s << 1$ m ist eine diskretisierte Approximation der Bewegung möglich.

$$\Delta A_1 \approx \Delta s \cos \alpha_1 \frac{A_1 - A_2}{\|A_1 - A_2\|} + \Delta s \sin \alpha_1 \begin{bmatrix} 0 & -1 \\ 1 & 0 \end{bmatrix} \frac{A_1 - A_2}{\|A_1 - A_2\|}$$

$$\approx \frac{\Delta s}{\|A_1 - A_2\|} \begin{bmatrix} (x_1 - x_2) \cos \alpha_1 + (y_2 - y_1) \sin \alpha_1 \\ (y_1 - y_2) \cos \alpha_1 + (x_1 - x_2) \sin \alpha_1 \end{bmatrix}$$

$$\frac{1}{\sqrt{(x_1 - x_2)^2 + (y_1 - y_2)^2}}$$

$$\Delta A_2 \approx \Delta s \cos \alpha_1 \, \frac{A_1 - A_2}{\|A_1 - A_2\|}$$

$$\cos \alpha_2 = \frac{(A_2 - A_1)^T (A_3 - A_2)}{\|(A_2 - A_1)\| \, \|(A_3 - A_2)\|}$$

$$\Delta A_3 \approx \Delta s \cos \alpha_1 \cos \alpha_2 \, \frac{A_2 - A_3}{\|A_2 - A_3\|}$$

$$\cos \alpha_3 = \frac{(A_3 - A_2)^T (A_4 - A_3)}{\|(A_3 - A_2)\| \, \|(A_4 - A_3)\|}$$

$$\Delta A_4 \approx \Delta s \cos \alpha_1 \cos \alpha_2 \cos \alpha_3 \, \frac{A_3 - A_4}{\|A_3 - A_4\|}$$

Da diese Differentialgleichung sowohl für Vorwärtsfahrt als auch für Rückwärtsfahrt gilt, erkennt man sofort, dass die gleiche Lenkstrategie zum Vorwärtsfahren auch für die Rückwärtsfahrt verwendet werden kann. Theoretisch kann man also aus jeder Parklücke, in die man rückwärts hineinfahren kann, vorwärts wieder herausfahren und umgekehrt. (Aber nicht in jede Parklücke, in die man vorwärts hineinfahren kann, kann man auch rückwärts hineinfahren und umgekehrt). Der wesentliche Unterschied bei Vorwärts- und Rückwärtsfahrt besteht darin, dass bei Vorwärtsfahrt kleine Ungenauigkeiten ausgeglichen werden, die bei Rückwärtsfahrt jedoch bald zu einem völligen Verkeilen führen. Fährt man vorwärts in eine Parklücke und versucht, durch genau umgekehrte Lenkung wieder rückwärts hinauszufahren, so führen kleine Fahrfehler oder ein Steinchen, unter dem ein Rad etwas wegrutscht, oder Lenkungsspiel bzw. Spiel in der Deichsel zu kleinen Abweichungen, die sich sehr schnell verstärken, wenn nicht sofort richtig korrigiert wird. Für diese Korrektur ist es hilfreich, stets die Ideallinie vor Augen zu haben und Abweichungen frühzeitig zu korrigieren.

Wählt man bei der Simulation Δs klein, aber nicht extrem klein, kommt es durch die Approximation zu kleinen Abweichungen, die nicht kritisch sind. Unschön ist aber, dass sich auch die Abstände $l_i := |A_i - A_{i+1}|$ der Achsmittelpunkte verändern. Dies kann man vermeiden, wenn man die neuen Positionen von A_i auf $A_{i-1}A_i$ so berechnet, dass die Abstände erhalten bleiben. In Abbildung 9.1 wird der Punkt P um s verschoben. Q folgt P auf der Geraden PQ im Abstand l und legt dabei nur den Weg r zurück.

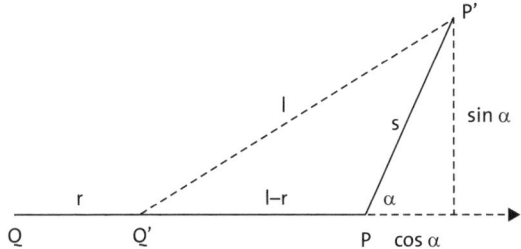

Abb. 9.1: Q folgt P in konstantem Abstand

Es gilt dann:

$$l^2 = \sin^2 \alpha + [l - r + \cos \alpha]^2$$

$$\Rightarrow r = l + s \cos \alpha - \sqrt{l^2 + s^2(\cos^2\alpha - 1)}$$

Daher ersetzt man die Gleichungen für ΔA_i, $i = 2, 3, 4$ besser durch:

$$\Delta s_i = l_i + \Delta s_{i-1} \cos \alpha_{i-1} - \sqrt{l_i^2 + \Delta s_{i-1}^2(\cos^2\alpha_{i-1} - 1)}$$

$$\Delta A_i = \Delta s_i \frac{A_{i-1} - A_i}{|A_{i-1} - A_i|}$$

Als Test- oder Standardmanöver kann die Einfahrt in einen Hof angesehen werden, wobei rückwärts eine 90°-Kurve gefahren werden muss. Der Lastzug fährt auf der Straße geradlinig an der Einfahrt vorbei und beginnt dann sein Manöver. Eine Referenzkurve erhält man, wenn es gelingt, aus der gewünschten Zielposition vorwärts in die aktuelle Startposition zu fahren. Dazu wird die Umgebung gescannt und auf einen Bildschirm projiziert, das auch die aktuelle Position des Zuges enthält. Durch Anklicken mit der Maus können die Kontrollpunkte (Achsmittelpunkte) an die gewünschte Stelle (Zielposition) verschoben werden. Ist das erreicht, wird der neue Zustand als Zielposition gespeichert. In einem weiteren Schritt wird durch den Experten (Lkw-Fahrer) eine Vorwärtsfahrt simuliert, indem er den Mittelpunkt der Vorderachse anklickt, und verschiebt. Dabei soll der ganze Zug in realistischer Bewegung folgen und die Spur aller Kontrollpunkte aufgezeichnet werden. Der Experte versucht dabei, den Zug möglichst genau in die aktuelle Startposition zu fahren. Wegen der Tendenz beim Vorwärtsfahren, die Winkel zwischen den Längsachsen zu verringern, ist dies umso leichter, je gestreckter die Startposition ist. Die Anfahrt der Startposition beendet man daher sinnvollerweise mit einer Phase der Geradeausfahrt.

Die Spuren der Kontrollpunkte können dann als Referenzkurven oder Leitlinien zusammen mit der aktuellen Position des Lkws dem Fahrer wichtige Informationen geben. Ein noch offenes Problem ist, wie man aus Vergleich von Referenzkurven und aktueller Position das weitere Lenkmanöver bestimmt. In Abbildung 9.2 ist ein Manöver dargestellt, bei dem rückwärts um die Ecke an eine Laderampe (unten Mitte) angefahren werden muss. Dargestellt sind hier nur die Leitlinie der Vorderachse sowie die Start- und Endposition (durchgezogen) und die Zwischenpositionen (gestrichelt) von LKW und Anhänger. Das in Abb. 9.2 dargestellte Manöver wurde tatsächlich so gefunden, und zwar sogar ohne Referenzkurven, d. h. durch Bewertung der erreichten Zwischenpositionen und Nachjustierung der dafür verwendeten Parameter.

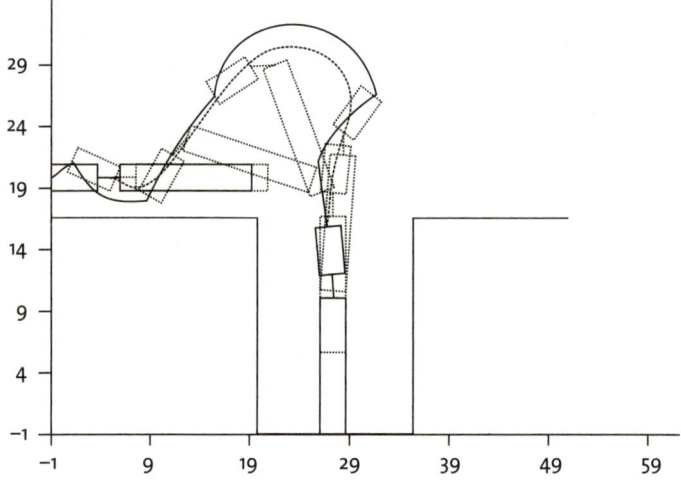

Abb. 9.2: Anfahrt an eine Entladerampe mit 6 Phasen

Eine Möglichkeit ist, verschiedene Lenkmanöver durchzuspielen und das Resultat zu bewerten. Ein geeignetes Bewertungskriterium ist aber nicht trivial.

Möglich wäre, dem Lkw-Fahrer die Bewertung zu überlassen. Der Fahrer könnte dann virtuell mehrere Einparkversuche durchspielen, bis er eine passende Steuerung gefunden hat, die er dann in der Realität durchführt. Es kann mit dem zugehörigen Excelprogramm nachvollzogen werden.

Dabei war $l_1 = 4\,\text{m}$, $l_2 = 2\,\text{m}$, $l_3 = 10\,\text{m}$.

Lenkwinkel in Grad	45	−45	11,4	42,8	−26,3	−5,6
Fahrstecke	1,9	7,8	10,0	16,6	5,8	5,4
(Vorderachse) in m						

Parameter des Fahrmanövers in Abb. 9.2

9.2 Einachsiger Anhänger

Das Prinzip des Problems bleibt erhalten, wenn man nur einachsige Anhänger betrachtet. Die wirtschaftliche Relevanz ist jedoch stark reduziert, da professionelle Fahrer mit einachsigen Anhängern kaum Probleme haben. Interessant bleibt die Sache dennoch, da gerade viele unerfahrene Autofahrer in den Ferien mit Wohnwägen, kleinen Lastanhängern oder Bootstrailern unterwegs sind, und dann bei an sich leichten Manövern in Schwierigkeiten geraten können.

Die wesentliche Erleichterung besteht darin, dass viel leichter bewertet werden kann, welche von einer Anzahl erreichbarer Positionen am aussichtsreichsten ist. Hier kann man sich im wesentlichen auf die Position der Hinterachse konzentrieren.